BÉRÉNICE, PHÈDRE, ATHALIE

JEAN RACINE

Bérénice, Phèdre, Athalie

RACINE
(1639-1699)

Jean Racine naît le 22 décembre 1639 à la Ferté-Milon, dans une famille janséniste. Sa mère meurt treize mois après sa naissance. Son père, qui est percepteur des impôts, se remarie. A sa mort, en 1643, sa veuve se retire à l'abbaye janséniste de Port-Royal, en même temps qu'une tante de Jean, Agnès, qui deviendra abbesse, et comme le fera sa grand-mère maternelle, qui l'a recueilli.

A 10 ans, Jean Racine est admis aux Petites Écoles de Port-Royal où, pendant huit ans, il aura pour maîtres en langues anciennes et en logique des érudits jansénistes. Éducation rigoureuse qui pèse sur cet élève brillant. Il peut enfin s'échapper de Port-Royal en allant faire sa « philosophie » à Paris. Il y rencontre son cousin La Fontaine, et s'intéresse au théâtre et à la poésie. A 21 ans, il écrit une tragédie, *Amasie*, refusée par la troupe du Marais. Racine, furieux, s'en prend indirectement au « vieux Corneille », alors au sommet de sa gloire, en critiquant les « comédiens qui n'aiment que le galimatias pourvu qu'il vienne d'un grand auteur »...

Pour le mariage de Louis XIV (d'un an son aîné), il compose une ode, *La Nymphe de la Seine*, qui lui vaut une gratification. A la recherche d'un bénéfice ecclésiastique, il se rend chez l'un de ses oncles, vicaire général à Uzès. Mais cet étudiant féru de grec et de latin ne maîtrise pas la langue d'oc, et préfère, au grand désarroi de sa rigoureuse famille, le libertinage à l'étude des Saintes Écritures. En 1663, il regagne Paris, conscient de s'être fourvoyé. Son séjour dans le Sud lui a toutefois permis de découvrir la France paysanne, et sa misère. Il a aussi écrit *La Thébaïde*.

Dans la capitale, il compose une *Ode sur la convales-cence du Roi* (malade de la rougeole) et en est remercié par une pension. La troupe de Molière joue *La Thébaïde* en 1664. Médiocre succès. L'année suivante, Racine se brouille avec Molière — qui a contre lui une partie de la Cour — en faisant jouer son *Alexandre* par une troupe rivale. Ses anciens maîtres de Port-Royal jugeant sévè-rement sa prometteuse carrière théâtrale, il rompt avec eux. Il entretient une liaison avec l'actrice Marquise Du Parc (dont Corneille était lui aussi amoureux) et se voit couronner, en 1668, par les succès d'*Andromaque*, et des *Plaideurs*.

En 1669, première houleuse de *Britannicus*. Racine, qui utilise ses préfaces à des fins polémiques, s'est fait des ennemis. En 1670, il fait jouer *Bérénice* une semaine avant le *Tite et Bérénice*, de Corneille. La pièce de Corneille est un échec, celle de Racine un triomphe. Le roi augmente sa pension. Racine, oubliant la Du Parc, qui est morte deux ans auparavant, s'éprend de la Champmeslé, la plus grande tragédienne de son époque.

En 1673, après *Bajazet*, il fait jouer *Mithridate*, pièce préférée de Louis XIV, et entre à l'Académie française. En 1677, l'année de *Phèdre*, il se réconcilie avec Port-Royal, épouse, sous la pression du roi, qui aimerait que son poète favori se range, Catherine de Romanet, et devient, avec son ami Boileau, historiographe du roi, charge habituellement interdite aux roturiers. Cathe-rine de Romanet, issue d'un milieu bourgeois, va lui donner sept enfants. Sa discrétion est telle que jamais elle n'ira voir les pièces de son époux, ni ne se montrera à Versailles. (Elle mourra en 1730, à l'âge de 80 ans.)

Tout à sa fonction d'historiographe, Racine accompagne le roi dans ses voyages et ses campagnes militaires, et cesse d'écrire pour le théâtre. Mais il reste un courtisan. Lui qui fut un ami de la Montespan quand elle était favorite sait s'attirer les bonnes grâces de Madame de Maintenon et à sa demande, reprend la plume. En 1689, il fait présenter *Esther*, et *Athalie* en 1691.

A Versailles, on envie ce bourgeois qui est le seul à entrer librement au lever du roi, et à qui Louis XIV demande de coucher dans sa chambre, lors de ses insomnies. Racine lui déclame alors ses pièces. Pourtant cet homme comblé, que Louis XIV a nommé gentilhomme ordinaire, agace son monarque. Avec l'âge, l'ancien élève de Port-Royal s'est rapproché des jansénistes. Le roi l'oblige, en 1698, à écrire une lettre où il renie le jansénisme. Le poète joue sur les mots : il affirme ne pas être janséniste, mais avoir beaucoup d'affection pour eux ! C'est la disgrâce.

Racine est atteint d'une tumeur au foie. Le 7 janvier 1699, il assiste, épuisé, au mariage de la seule de ses cinq filles qui ne soit pas devenue religieuse. Le roi fait, parfois, prendre de ses nouvelles. Boileau l'assiste dans sa longue agonie. Il s'éteint le 21 avril 1699, à 59 ans.

BÉRÉNICE
TRAGÉDIE

A MONSEIGNEUR COLBERT[1]

Secrétaire d'État, Contrôleur Général des Finances,
Surintendant des Bâtiments, Grand-Trésorier des
Ordres du Roi, Marquis de Seignelay, etc.

MONSEIGNEUR,

Quelque juste défiance que j'aie de moi-même et de
mes ouvrages, j'ose espérer que vous ne condamnerez
pas la liberté que je prends de vous dédier cette tragédie. Vous ne l'avez pas jugée tout à fait indigne de votre
approbation. Mais ce qui fait son plus grand mérite
auprès de vous, c'est, MONSEIGNEUR, que vous avez été
témoin du bonheur qu'elle a eu de ne pas déplaire à Sa
Majesté.

L'on sait que les moindres choses vous deviennent
considérables, pour peu qu'elles puissent servir ou à sa
gloire ou à son plaisir. Et c'est ce qui fait qu'au milieu
de tant d'importantes occupations, où le zèle de votre
prince et le bien public vous tiennent continuellement
attaché, vous ne dédaignez pas quelquefois de descendre jusqu'à nous, pour nous demander compte de
notre loisir.

J'aurais ici une belle occasion de m'étendre sur vos
louanges, si vous me permettiez de vous louer. Et que
ne dirais-je point de tant de rares qualités qui vous ont
attiré l'admiration de toute la France, de cette pénétra-

1. Ne se lit que dans l'édition originale.

tion à laquelle rien n'échappe, de cet esprit vaste qui embrasse, qui exécute tout à la fois tant de grandes choses, de cette âme que rien n'étonne, que rien ne fatigue ?

Mais, MONSEIGNEUR, il faut être plus retenu à vous parler de Vous-même, et je craindrais de m'exposer par un éloge importun à vous faire repentir de l'attention favorable dont vous m'avez honoré. Il vaut mieux que je songe à la mériter par quelque nouvel ouvrage. Aussi bien c'est le plus agréable remercîment qu'on vous puisse faire. Je suis avec un profond respect,

MONSEIGNEUR,
    Votre très humble et très obéissant serviteur,

                                        RACINE.

PERSONNAGES

TITUS, empereur de Rome.
BÉRÉNICE, reine de Palestine.
ANTIOCHUS, roi de Comagène.
PAULIN, confident de Titus.
ARSACE, confident d'Antiochus.
PHÉNICE, confidente de Bérénice.
RUTILE, Romain.
SUITE DE TITUS.

La scène est à Rome, dans un cabinet qui est entre l'appartement de Titus et celui de Bérénice.

ACTE PREMIER

SCÈNE PREMIÈRE

ANTIOCHUS, ARSACE

ANTIOCHUS

Arrêtons un moment. La pompe de ces lieux,
Je le vois bien, Arsace, est nouvelle à tes yeux.
Souvent ce cabinet superbe et solitaire
Des secrets de Titus est le dépositaire.
C'est ici quelquefois qu'il se cache à sa cour,
Lorsqu'il vient à la Reine expliquer son amour.
De son appartement cette porte est prochaine,
Et cette autre conduit dans celui de la Reine.
Va chez elle : dis-lui qu'importun à regret,
J'ose lui demander un entretien secret.

ARSACE

Vous, Seigneur, importun ? vous, cet ami fidèle
Qu'un soin si généreux intéresse pour elle ?
Vous, cet Antiochus son amant autrefois ?
Vous, que l'Orient compte entre ses plus grands rois ?
Quoi ? déjà de Titus épouse en espérance,
Ce rang entre elle et vous met-il tant de distance ?

ANTIOCHUS

Va, dis-je ; et sans vouloir te charger d'autres soins,
Vois si je puis bientôt lui parler sans témoins.

SCÈNE II

ANTIOCHUS, *seul.*

Hé bien, Antiochus, es-tu toujours le même ?
Pourrai-je, sans trembler, lui dire : « Je vous aime ? »
Mais quoi ? déjà je tremble, et mon cœur agité
Craint autant ce moment que je l'ai souhaité.
Bérénice autrefois m'ôta toute espérance ;
Elle m'imposa même un éternel silence.
Je me suis tu cinq ans, et jusques à ce jour
D'un voile d'amitié j'ai couvert mon amour.
Dois-je croire qu'au rang où Titus la destine
Elle m'écoute mieux que dans la Palestine ?
Il l'épouse. Ai-je donc attendu ce moment
Pour me venir encor déclarer son amant ?
Quel fruit me reviendra d'un aveu téméraire ?
Ah ! puisqu'il faut partir, partons sans lui déplaire.
Retirons-nous, sortons ; et sans nous découvrir,
Allons loin de ses yeux l'oublier, ou mourir.
Hé quoi ? souffrir toujours un tourment qu'elle ignore ?
Toujours verser des pleurs qu'il faut que je dévore ?
Quoi ? même en la perdant redouter son courroux ?
Belle Reine, et pourquoi vous offenseriez-vous ?
Viens-je vous demander que vous quittiez l'Empire ?
Que vous m'aimiez ? Hélas ! je ne viens que vous dire
Qu'après m'être longtemps flatté que mon rival
Trouverait à ses vœux quelque obstacle fatal,
Aujourd'hui qu'il peut tout, que votre hymen s'avance,

Exemple infortuné d'une longue constance,
Après cinq ans d'amour et d'espoir superflus,
Je pars, fidèle encor quand je n'espère plus.
Au lieu de s'offenser, elle pourra me plaindre.
Quoi qu'il en soit, parlons : c'est assez nous contraindre.
Et que peut craindre, hélas! un amant sans espoir
Qui peut bien se résoudre à ne la jamais voir ?

SCÈNE III

ANTIOCHUS, ARSACE

ANTIOCHUS

Arsace, entrerons-nous ?

ARSACE

                    Seigneur, j'ai vu la Reine ;
Mais pour me faire voir, je n'ai percé qu'à peine
Les flots toujours nouveaux d'un peuple adorateur
Qu'attire sur ses pas sa prochaine grandeur.
Titus, après huit jours d'une retraite austère,
Cesse enfin de pleurer Vespasien son père.
Cet amant se redonne aux soins de son amour ;
Et si j'en crois, Seigneur, l'entretien de la cour,
Peut-être avant la nuit l'heureuse Bérénice
Change le nom de reine au nom d'impératrice.

ANTIOCHUS

Hélas!

ARSACE

Quoi? ce discours pourrait-il vous troubler?

ANTIOCHUS

Ainsi donc sans témoins je ne lui puis parler?

ARSACE

Vous la verrez, Seigneur : Bérénice est instruite
Que vous voulez ici la voir seule et sans suite.
La Reine d'un regard a daigné m'avertir
Qu'à votre empressement elle allait consentir;
Et sans doute elle attend le moment favorable
Pour disparaître aux yeux d'une cour qui l'accable.

ANTIOCHUS

Il suffit. Cependant n'as-tu rien négligé
Des ordres importants dont je t'avais chargé?

ARSACE

Seigneur, vous connaissez ma prompte obéissance.
Des vaisseaux dans Ostie armés en diligence,
Prêts à quitter le port de moments en moments,
N'attendent pour partir que vos commandements.
Mais qui renvoyez-vous dans votre Comagène?

ANTIOCHUS

Arsace, il faut partir quand j'aurai vu la Reine.

ARSACE

Qui doit partir?

ANTIOCHUS

Moi.

ARSACE

Vous?

ANTIOCHUS

                  En sortant du palais,
Je sors de Rome, Arsace, et j'en sors pour jamais.
Je suis surpris sans doute, et c'est avec justice.
Quoi! depuis si longtemps la reine Bérénice
Vous arrache, Seigneur, du sein de vos États;
Depuis trois ans dans Rome elle arrête vos pas;
Et lorsque cette reine, assurant sa conquête,
Vous attend pour témoin de cette illustre fête,
Quand l'amoureux Titus, devenant son époux,
Lui prépare un éclat qui rejaillit sur vous...

ANTIOCHUS

Arsace, laisse-la jouir de sa fortune,
Et quitte un entretien dont le cours m'importune.

ARSACE

Je vous entends, Seigneur. Ces mêmes dignités
Ont rendu Bérénice ingrate à vos bontés;
L'inimitié succède à l'amitié trahie.

ANTIOCHUS

Non, Arsace, jamais je ne l'ai moins haïe.

ARSACE

Quoi donc? de sa grandeur déjà trop prévenu,

Le nouvel empereur vous a-t-il méconnu?
Quelque pressentiment de son indifférence
Vous fait-il loin de Rome éviter sa présence?

ANTIOCHUS

Titus n'a point pour moi paru se démentir :
J'aurais tort de me plaindre.

ARSACE

     Et pourquoi donc partir?
Quel caprice vous rend ennemi de vous-même?
Le ciel met sur le trône un prince qui vous aime,
Un prince qui jadis témoin de vos combats
Vous vit chercher la gloire et la mort sur ses pas,
Et de qui la valeur, par vos soins secondée,
Mit enfin sous le joug la rebelle Judée.
Il se souvient du jour illustre et douloureux
Qui décida du sort d'un long siège douteux :
Sur leur triple rempart les ennemis tranquilles
Contemplaient sans péril nos assauts inutiles;
Le bélier impuissant les menaçait en vain.
Vous seul, Seigneur, vous seul, une échelle à la main,
Vous portâtes la mort jusque sur leurs murailles.
Ce jour presque éclaira vos propres funérailles :
Titus vous embrassa mourant entre mes bras,
Et tout le camp vainqueur pleura votre trépas.
Voici le temps, Seigneur, où vous devez attendre
Le fruit de tant de sang qu'ils vous ont vu répandre.
Si pressé du désir de revoir vos États
Vous vous lassez de vivre où vous ne régnez pas,
Faut-il que sans honneur l'Euphrate vous revoie?
Attendez pour partir que César vous renvoie
Triomphant et chargé des titres souverains
Qu'ajoute encore aux rois l'amitié des Romains.

Rien ne peut-il, Seigneur, changer votre entreprise ?
Vous ne répondez point.

ANTIOCHUS

Que veux-tu que je dise ?
J'attends de Bérénice un moment d'entretien.

ARSACE

Hé bien, Seigneur ?

ANTIOCHUS

Son sort décidera du mien.

ARSACE

Comment ?

ANTIOCHUS

Sur son hymen j'attends qu'elle s'explique.
Si sa bouche s'accorde avec la voix publique,
S'il est vrai qu'on l'élève au trône des Césars,
Si Titus a parlé, s'il l'épouse, je pars.

ARSACE

Mais qui rend à vos yeux cet hymen si funeste ?

ANTIOCHUS

Quand nous serons partis, je te dirai le reste.

ARSACE

Dans quel trouble, Seigneur, jetez-vous mon esprit !

ANTIOCHUS

La Reine vient. Adieu : fais tout ce que j'ai dit.

SCÈNE IV

BÉRÉNICE, ANTIOCHUS, PHÉNICE

BÉRÉNICE

Enfin je me dérobe à la joie importune
De tant d'amis nouveaux que me fait la fortune ;
Je fuis de leurs respects l'inutile longueur,
Pour chercher un ami qui me parle du cœur.
Il ne faut point mentir : ma juste impatience
Vous accusait déjà de quelque négligence.
Quoi ? cet Antiochus, disais-je, dont les soins
Ont eu tout l'Orient et Rome pour témoins ;
Lui que j'ai vu toujours constant dans mes traverses
Suivre d'un pas égal mes fortunes diverses ;
Aujourd'hui que le ciel semble me présager
Un honneur qu'avec vous je prétends partager,
Ce même Antiochus, se cachant à ma vue,
Me laisse à la merci d'une foule inconnue ?

ANTIOCHUS

Il est donc vrai, Madame ? Et selon ce discours
L'hymen va succéder à vos longues amours ?

BÉRÉNICE

Seigneur, je vous veux bien confier mes alarmes.

Ces jours ont vu mes yeux baignés de quelques larmes :
Ce long deuil que Titus imposait à sa cour
Avait même en secret suspendu son amour.
Il n'avait plus pour moi cette ardeur assidue
Lorsqu'il passait les jours attaché sur ma vue.
Muet, chargé de soins, et les larmes aux yeux,
Il ne me laissait plus que de tristes adieux.
Jugez de ma douleur, moi dont l'ardeur extrême,
Je vous l'ai dit cent fois, n'aime en lui que lui-même ;
Moi qui, loin des grandeurs dont il est revêtu,
Aurais choisi son cœur, et cherché sa vertu.

ANTIOCHUS

Il a repris pour vous sa tendresse première ?

BÉRÉNICE

Vous fûtes spectateur de cette nuit dernière,
Lorsque, pour seconder ses soins religieux,
Le sénat a placé son père entre les Dieux.
De ce juste devoir sa piété contente
A fait place, Seigneur, au soin de son amante ;
Et même en ce moment, sans qu'il m'en ait parlé,
Il est dans le sénat, par son ordre assemblé.
Là, de la Palestine il étend la frontière ;
Il y joint l'Arabie et la Syrie entière ;
Et si de ses amis j'en dois croire la voix,
Si j'en crois ses serments redoublés mille fois,
Il va sur tant d'États couronner Bérénice,
Pour joindre à plus de noms le nom d'impératrice.
Il m'en viendra lui-même assurer en ce lieu.

ANTIOCHUS

Et je viens donc vous dire un éternel adieu.

BÉRÉNICE

Que dites-vous? Ah ciel! quel adieu! quel langage!
Prince, vous vous troublez et changez de visage?

ANTIOCHUS

Madame, il faut partir.

BÉRÉNICE

                    Quoi? ne puis-je savoir
Quel sujet...

ANTIOCHUS

          Il fallait partir sans la revoir.

BÉRÉNICE

Que craignez-vous? Parlez : c'est trop longtemps se taire.
Seigneur, de ce départ quel est donc le mystère?

ANTIOCHUS

Au moins souvenez-vous que je cède à vos lois,
Et que vous m'écoutez pour la dernière fois.
    Si, dans ce haut degré de gloire et de puissance,
Il vous souvient des lieux où vous prîtes naissance,
Madame, il vous souvient que mon cœur en ces lieux
Reçut le premier trait qui partit de vos yeux.
J'aimai; j'obtins l'aveu d'Agrippa votre frère.
Il vous parla pour moi. Peut-être sans colère.
Alliez-vous de mon cœur recevoir le tribut :

Titus, pour mon malheur, vint, vous vit, et vous plut;
Il parut devant vous dans tout l'éclat d'un homme
Qui porte entre ses mains la vengeance de Rome.
La Judée en pâlit. Le triste Antiochus
Se compta le premier au nombre des vaincus.
Bientôt de mon malheur interprète sévère,
Votre bouche à la mienne ordonna de se taire.
Je disputai longtemps, je fis parler mes yeux;
Mes pleurs et mes soupirs vous suivaient en tous lieux.
Enfin votre rigueur emporta la balance;
Vous sûtes m'imposer l'exil, ou le silence :
Il fallut le promettre, et même le jurer.
Mais puisqu'en ce moment j'ose me déclarer,
Lorsque vous m'arrachiez cette injuste promesse,
Mon cœur faisait serment de vous aimer sans cesse.

BÉRÉNICE

Ah! que me dites-vous?

ANTIOCHUS

                    Je me suis tu cinq ans,
Madame, et vais encor me taire plus longtemps.
    De mon heureux rival j'accompagnai les armes;
J'espérai de verser mon sang après mes larmes,
Ou qu'au moins, jusqu'à vous porté par mille exploits,
Mon nom pourrait parler, au défaut de ma voix.
Le ciel sembla promettre une fin à ma peine :
Vous pleurâtes ma mort, hélas! trop peu certaine.
Inutiles périls! Quelle était mon erreur!
La valeur de Titus surpassait ma fureur.
Il faut qu'à sa vertu mon estime réponde :
Quoique attendu, Madame, à l'empire du monde,
Chéri de l'univers, enfin aimé de vous,
Il semblait à lui seul appeler tous les coups,

Tandis que sans espoir, haï, lassé de vivre,
Son malheureux rival ne semblait que le suivre.
　Je vois que votre cœur m'applaudit en secret ;
Je vois que l'on m'écoute avec moins de regret,
Et que trop attentive à ce récit funeste,
En faveur de Titus vous pardonnez le reste.
　Enfin, après un siège aussi cruel que lent,
Il dompta les mutins, reste pâle et sanglant
Des flammes, de la faim, des fureurs intestines,
Et laissa leurs remparts cachés sous leurs ruines.
Rome vous vit, Madame, arriver avec lui.
Dans l'Orient désert quel devint mon ennui !
Je demeurai longtemps errant dans Césarée,
Lieux charmants où mon cœur vous avait adorée.
Je vous redemandais à vos tristes États ;
Je cherchais en pleurant les traces de vos pas.
Mais enfin succombant à ma mélancolie,
Mon désespoir tourna mes pas vers l'Italie.
Le sort m'y réservait le dernier de ses coups.
Titus en m'embrassant m'amena devant vous.
Un voile d'amitié vous trompa l'un et l'autre,
Et mon amour devint le confident du vôtre.
Mais toujours quelque espoir flattait mes déplaisirs :
Rome, Vespasien traversaient vos soupirs ;
Après tant de combats Titus cédait peut-être.
Vespasien est mort, et Titus est le maître.
Que ne fuyais-je alors ! J'ai voulu quelques jours
De son nouvel empire examiner le cours.
Mon sort est accompli. Votre gloire s'apprête.
Assez d'autres sans moi, témoins de cette fête,
A vos heureux transports viendront joindre les leurs ;
Pour moi, qui ne pourrais y mêler que des pleurs,
D'un inutile amour trop constante victime,
Heureux dans mes malheurs d'en avoir pu sans crime

Conter toute l'histoire aux yeux qui les ont faits,
Je pars plus amoureux que je ne fus jamais.

BÉRÉNICE

Seigneur, je n'ai pas cru que dans une journée
Qui doit avec César unir ma destinée,
Il fût quelque mortel qui pût impunément
Se venir à mes yeux déclarer mon amant.
Mais de mon amitié mon silence est un gage :
J'oublie en sa faveur un discours qui m'outrage.
Je n'en ai point troublé le cours injurieux;
Je fais plus : à regret je reçois vos adieux.
Le ciel sait qu'au milieu des honneurs qu'il m'envoie,
Je n'attendais que vous pour témoin de ma joie.
Avec tout l'univers j'honorais vos vertus;
Titus vous chérissait, vous admiriez Titus.
Cent fois je me suis fait une douceur extrême
D'entretenir Titus dans un autre lui-même.

ANTIOCHUS

Et c'est ce que je fuis. J'évite, mais trop tard,
Ces cruels entretiens, où je n'ai point de part.
Je fuis Titus. Je fuis ce nom qui m'inquiète,
Ce nom qu'à tous moments votre bouche répète.
Que vous dirai-je enfin? Je fuis des yeux distraits,
Qui me voyant toujours, ne me voyaient jamais.
Adieu : je vais, le cœur trop plein de votre image,
Attendre, en vous aimant, la mort pour mon partage.
Surtout ne craignez point qu'une aveugle douleur
Remplisse l'univers du bruit de mon malheur,
Madame; le seul bruit d'une mort que j'implore

Vous fera souvenir que je vivais encore.
Adieu.

SCÈNE V

BÉRÉNICE, PHÉNICE

PHÉNICE

Que je le plains! Tant de fidélité,
Madame, méritait plus de prospérité.
Ne le plaignez-vous pas?

BÉRÉNICE

Cette prompte retraite
Me laisse, je l'avoue, une douleur secrète.

PHÉNICE

Je l'aurais retenu.

BÉRÉNICE

Qui? moi? le retenir?
J'en dois perdre plutôt jusques au souvenir.
Tu veux donc que je flatte une ardeur insensée?

PHÉNICE

Titus n'a point encore expliqué sa pensée.

Rome vous voit, Madame, avec des yeux jaloux,
La rigueur de ses lois m'épouvante pour vous.
L'hymen chez les Romains n'admet qu'une Romaine ;
Rome hait tous les rois, et Bérénice est reine.

BÉRÉNICE

Le temps n'est plus, Phénice, où je pouvais trembler.
Titus m'aime, il peut tout, il n'a plus qu'à parler.
Il verra le sénat m'apporter ses hommages,
Et le peuple, de fleurs couronner ses images.
    De cette nuit, Phénice, as-tu vu la splendeur ?
Tes yeux ne sont-ils pas tout pleins de sa grandeur ?
Ces flambeaux, ce bûcher, cette nuit enflammée,
Ces aigles, ces faisceaux, ce peuple, cette armée,
Cette foule de rois, ces consuls, ce sénat,
Qui tous, de mon amant empruntaient leur éclat ;
Cette pourpre, cet or, que rehaussait sa gloire,
Et ces lauriers encor témoins de sa victoire ;
Tous ces yeux qu'on voyait venir de toutes parts
Confondre sur lui seul leurs avides regards ;
Ce port majestueux, cette douce présence.
Ciel ! avec quel respect et quelle complaisance
Tous les cœurs en secret l'assuraient de leur foi !
Parle : peut-on le voir sans penser comme moi
Qu'en quelque obscurité que le sort l'eût fait naître,
Le monde, en le voyant, eût reconnu son maître ?
Mais, Phénice, où m'emporte un souvenir charmant ?
    Cependant Rome entière, en ce même moment,
Fait des vœux pour Titus, et par des sacrifices
De son règne naissant célèbre les prémices.
Que tardons-nous ? Allons, pour son empire heureux,
Au ciel, qui le protège, offrir aussi nos vœux.
Aussitôt, sans l'attendre, et sans être attendue,
Je reviens le chercher, et dans cette entrevue

Dire tout ce qu'aux cœurs l'un de l'autre contents
Inspirent des transports retenus si longtemps.

ACTE II

SCÈNE PREMIÈRE

TITUS, PAULIN, SUITE

TITUS

A-t-on vu de ma part le roi de Comagène?
Sait-il que je l'attends?

PAULIN

        J'ai couru chez la Reine.
Dans son appartement ce Prince avait paru;
Il en était sorti lorsque j'y suis couru.
De vos ordres, Seigneur, j'ai dit qu'on l'avertisse.

TITUS

Il suffit. Et que fait la reine Bérénice?

PAULIN

La Reine, en ce moment, sensible à vos bontés,
Charge le ciel de vœux pour vos prospérités.
Elle sortait, Seigneur.

TITUS

Trop aimable Princesse!

Hélas!

PAULIN

En sa faveur d'où naît cette tristesse?
L'Orient presque entier va fléchir sous sa loi :
Vous la plaignez?

TITUS

Paulin, qu'on vous laisse avec moi.

SCÈNE II

TITUS, PAULIN

TITUS

Hé bien! de mes desseins Rome encore incertaine
Attend que deviendra le destin de la Reine,
Paulin; et les secrets de son cœur et du mien
Sont de tout l'univers devenus l'entretien.
Voici le temps enfin qu'il faut que je m'explique.
De la Reine et de moi que dit la voix publique?
Parlez : qu'entendez-vous?

PAULIN

J'entends de tous côtés
Publier vos vertus, Seigneur, et ses beautés.

TITUS

Que dit-on des soupirs que je pousse pour elle?
Quel succès attend-on d'un amour si fidèle?

PAULIN

Vous pouvez tout : aimez, cessez d'être amoureux,
La cour sera toujours du parti de vos vœux.

TITUS

Et je l'ai vue aussi cette cour peu sincère,
A ses maîtres toujours trop soigneuse de plaire,
Des crimes de Néron approuver les horreurs;
Je l'ai vue à genoux consacrer ses fureurs.
Je ne prends point pour juge une cour idolâtre,
Paulin : je me propose un plus noble théâtre;
Et sans prêter l'oreille à la voix des flatteurs,
Je veux par votre bouche entendre tous les cœurs.
Vous me l'avez promis. Le respect et la crainte
Ferment autour de moi le passage à la plainte;
Pour mieux voir, cher Paulin, et pour entendre mieux,
Je vous ai demandé des oreilles, des yeux.
J'ai mis même à ce prix mon amitié secrète :
J'ai voulu que des cœurs vous fussiez l'interprète,
Qu'au travers des flatteurs votre sincérité
Fît toujours jusqu'à moi passer la vérité.
Parlez donc. Que faut-il que Bérénice espère?
Rome lui sera-t-elle indulgente ou sévère?
Dois-je croire qu'assise au trône des Césars,
Une si belle reine offensât ses regards?

PAULIN

N'en doutez point, Seigneur. Soit raison, soit caprice,
Rome ne l'attend point pour son impératrice.

On sait qu'elle est charmante; et de si belles mains
Semblent vous demander l'empire des humains.
Elle a même, dit-on, le cœur d'une Romaine;
Elle a mille vertus. Mais, Seigneur, elle est reine.
Rome, par une loi qui ne se peut changer,
N'admet avec son sang aucun sang étranger,
Et ne reconnaît point les fruits illégitimes
Qui naissent d'un hymen contraire à ses maximes.
D'ailleurs, vous le savez, en bannissant ses rois,
Rome à ce nom si noble et si saint autrefois,
Attacha pour jamais une haine puissante;
Et quoiqu'à ses Césars fidèle, obéissante,
Cette haine, Seigneur, reste de sa fierté,
Survit dans tous les cœurs après la liberté.
Jules, qui le premier la soumit à ses armes,
Qui fit taire les lois dans le bruit des alarmes,
Brûla pour Cléopâtre, et, sans se déclarer,
Seule dans l'Orient la laissa soupirer.
Antoine, qui l'aima jusqu'à l'idolâtrie,
Oublia dans son sein sa gloire et sa patrie,
Sans oser toutefois se nommer son époux.
Rome l'alla chercher jusques à ses genoux,
Et ne désarma point sa fureur vengeresse,
Qu'elle n'eût accablé l'amant et la maîtresse.
Depuis ce temps, Seigneur, Caligula, Néron,
Monstres dont à regret je cite ici le nom,
Et qui ne conservant que la figure d'homme,
Foulèrent à leurs pieds toutes les lois de Rome,
Ont craint cette loi seule, et n'ont point à nos yeux
Allumé le flambeau d'un hymen odieux.
Vous m'avez commandé sur tout d'être sincère.
De l'affranchi Pallas nous avons vu le frère,
Des fers de Claudius Félix encor flétri,
De deux reines, Seigneur, devenir le mari;
Et s'il faut jusqu'au bout que je vous obéisse,
Ces deux reines étaient du sang de Bérénice.

Et vous croiriez pouvoir, sans blesser nos regards,
Faire entrer une reine au lit de nos Césars,
Tandis que l'Orient dans le lit de ses reines
Voit passer un esclave au sortir de nos chaînes?
C'est ce que les Romains pensent de votre amour;
Et je ne réponds pas, avant la fin du jour,
Que le sénat, chargé des vœux de tout l'Empire,
Ne vous redise ici ce que je viens de dire;
Et que Rome avec lui tombant à vos genoux,
Ne vous demande un choix digne d'elle et de vous.
Vous pouvez préparer, Seigneur, votre réponse.

TITUS

Hélas! à quel amour on veut que je renonce!

PAULIN

Cet amour est ardent, il le faut confesser.

TITUS

Plus ardent mille fois que tu ne peux penser,
Paulin. Je me suis fait un plaisir nécessaire
De la voir chaque jour, de l'aimer, de lui plaire.
J'ai fait plus. Je n'ai rien de secret à tes yeux :
J'ai pour elle cent fois rendu grâces aux Dieux
D'avoir choisi mon père au fond de l'Idumée,
D'avoir rangé sous lui l'Orient et l'armée,
Et soulevant encor le reste des humains,
Remis Rome sanglante en ses paisibles mains.
J'ai même souhaité la place de mon père,
Moi, Paulin, qui cent fois, si le sort moins sévère
Eût voulu de sa vie étendre les liens,
Aurais donné mes jours pour prolonger les siens :
Tout cela (qu'un amant sait mal ce qu'il désire!)
Dans l'espoir d'élever Bérénice à l'Empire,

De reconnaître un jour son amour et sa foi,
Et de voir à ses pieds tout le monde avec moi.
Malgré tout mon amour, Paulin, et tous ses charmes,
Après mille serments appuyés de mes larmes,
Maintenant que je puis couronner tant d'attraits,
Maintenant que je l'aime encor plus que jamais,
Lorsqu'un heureux hymen, joignant nos destinées,
Peut payer en un jour les vœux de cinq années,
Je vais, Paulin... O ciel! puis-je le déclarer?

PAULIN

Quoi? Seigneur.

TITUS

       Pour jamais je vais m'en séparer.
Mon cœur en ce moment ne vient pas de se rendre.
Si je t'ai fait parler, si j'ai voulu t'entendre,
Je voulais que ton zèle achevât en secret
De confondre un amour qui se tait à regret.
Bérénice a longtemps balancé la victoire;
Et si je penche enfin du côté de ma gloire,
Crois qu'il m'en a coûté, pour vaincre tant d'amour,
Des combats dont mon cœur saignera plus d'un jour.
J'aimais, je soupirais dans une paix profonde :
Un autre était chargé de l'empire du monde;
Maître de mon destin, libre dans mes soupirs,
Je ne rendais qu'à moi compte de mes désirs.
Mais à peine le ciel eut rappelé mon père,
Dès que ma triste main eut fermé sa paupière,
De mon aimable erreur je fus désabusé :
Je sentis le fardeau qui m'était imposé;
Je connus que bientôt, loin d'être à ce que j'aime,
Il fallait, cher Paulin, renoncer à moi-même;
Et que le choix des Dieux, contraire à mes amours,

Livrait à l'univers le reste de mes jours.
Rome observe aujourd'hui ma conduite nouvelle.
Quelle honte pour moi, quel présage pour elle,
Si dès le premier pas, renversant tous ses droits,
Je fondais mon bonheur sur le débris des lois!
Résolu d'accomplir ce cruel sacrifice,
J'y voulus préparer la triste Bérénice.
Mais par où commencer? Vingt fois depuis huit jours,
J'ai voulu devant elle en ouvrir le discours;
Et dès le premier mot ma langue embarrassée
Dans ma bouche vingt fois a demeuré glacée.
J'espérais que du moins mon trouble et ma douleur
Lui ferait pressentir notre commun malheur;
Mais sans me soupçonner, sensible à mes alarmes,
Elle m'offre sa main pour essuyer mes larmes,
Et ne prévoit rien moins dans cette obscurité
Que la fin d'un amour qu'elle a trop mérité.
Enfin j'ai ce matin rappelé ma constance :
Il faut la voir, Paulin, et rompre le silence.
J'attends Antiochus pour lui recommander
Ce dépôt précieux que je ne puis garder.
Jusque dans l'Orient je veux qu'il la remeine.
Demain Rome avec lui verra partir la Reine.
Elle en sera bientôt instruite par ma voix,
Et je vais lui parler pour la dernière fois.

PAULIN

Je n'attendais pas moins de cet amour de gloire
Qui partout après vous attacha la victoire.
La Judée asservie et ses remparts fumants,
De cette noble ardeur éternels monuments,
Me répondaient assez que votre grand courage
Ne voudrait pas, Seigneur, détruire son ouvrage;

Et qu'un héros vainqueur de tant de nations
Saurait bien, tôt ou tard, vaincre ses passions.

TITUS

Ah! que sous de beaux noms cette gloire est cruelle!
Combien mes tristes yeux la trouveraient plus belle,
S'il ne fallait encor qu'affronter le trépas!
Que dis-je? Cette ardeur que j'ai pour ses appas,
Bérénice en mon sein l'a jadis allumée.
Tu ne l'ignores pas : toujours la Renommée
Avec le même éclat n'a pas semé mon nom.
Ma jeunesse, nourrie à la cour de Néron,
S'égarait, cher Paulin, par l'exemple abusée,
Et suivait du plaisir la pente trop aisée.
Bérénice me plut. Que ne fait point un cœur
Pour plaire à ce qu'il aime, et gagner son vainqueur?
Je prodiguai mon sang; tout fit place à mes armes.
Je revins triomphant. Mais le sang et les larmes
Ne me suffisaient pas pour mériter ses vœux :
J'entrepris le bonheur de mille malheureux.
On vit de toutes parts mes bontés se répandre :
Heureux! et plus heureux que tu ne peux comprendre,
Quand je pouvais paraître à ses yeux satisfaits
Chargé de mille cœurs conquis par mes bienfaits!
Je lui dois tout, Paulin. Récompense cruelle!
Tout ce que je lui dois va retomber sur elle.
Pour prix de tant de gloire et de tant de vertus,
Je lui dirai : « Partez, et ne me voyez plus. »

PAULIN

Hé quoi! Seigneur, hé quoi! cette magnificence
Qui va jusqu'à l'Euphrate étendre sa puissance,
Tant d'honneurs, dont l'excès a surpris le séant,
Vous laissent-ils encor craindre le nom d'ingrat?
Sur cent peuples nouveaux Bérénice commande.

TITUS

Faibles amusements d'une douleur si grande !
Je connais Bérénice, et ne sais que trop bien
Que son cœur n'a jamais demandé que le mien.
Je l'aimai, je lui plus. Depuis cette journée
(Dois-je dire funeste, hélas ! ou fortunée ?),
Sans avoir en aimant d'objet que son amour,
Étrangère dans Rome, inconnue à la cour,
Elle passe ses jours, Paulin, sans rien prétendre
Que quelque heure à me voir, et le reste à m'attendre.
Encor si quelquefois un peu moins assidu
Je passe le moment où je suis attendu,
Je la revois bientôt de pleurs toute trompée.
Ma main à les sécher est longtemps occupée.
Enfin tout ce qu'Amour a de nœuds plus puissants,
Doux reproches, transports sans cesse renaissants,
Soin de plaire sans art, crainte toujours nouvelle,
Beauté, gloire, vertu, je trouve tout en elle.
Depuis cinq ans entiers chaque jour je la vois,
Et crois toujours la voir pour la première fois.
N'y songeons plus. Allons, cher Paulin : plus j'y pense,
Plus je sens chanceler ma cruelle constance.
Quelle nouvelle, ô ciel ! je lui vais annoncer !
Encore un coup, allons, il n'y faut plus penser.
Je connais mon devoir, c'est à moi de le suivre :
Je n'examine point si j'y pourrai survivre.

SCÈNE III

TITUS, PAULIN, RUTILE

RUTILE

Bérénice, Seigneur, demande à vous parler.

TITUS

Ah! Paulin.

PAULIN

Quoi? déjà vous semblez reculer!
De vos nobles projets, Seigneur, qu'il vous souvienne :
Voici le temps.

TITUS

Hé bien, voyons-la. Qu'elle vienne.

SCÈNE IV

BÉRÉNICE, TITUS, PAULIN, PHÉNICE

BÉRÉNICE

Ne vous offensez pas, si mon zèle indiscret
De votre solitude interrompt le secret.
Tandis qu'autour de moi votre cour assemblée
Retentit des bienfaits dont vous m'avez comblée,
Est-il juste, Seigneur, que seule en ce moment
Je demeure sans voix et sans ressentiment?
Mais, Seigneur (car je sais que cet ami sincère
Du secret de nos cœurs connaît tout le mystère),
Votre deuil est fini, rien n'arrête vos pas,
Vous êtes seul enfin, et ne me cherchez pas.
J'entends que vous m'offrez un nouveau diadème,
Et ne puis cependant vous entendre vous-même.
Hélas! plus de repos, Seigneur, et moins d'éclat.

Votre amour ne peut-il paraître qu'au sénat ?
Ah ! Titus ! car enfin l'amour fuit la contrainte
De tous ces noms que suit le respect et la crainte.
De quel soin votre amour va-t-il s'importuner ?
N'a-t-il que des États qu'il me puisse donner ?
Depuis quand croyez-vous que ma grandeur me touche ?
Un soupir, un regard, un mot de votre bouche,
Voilà l'ambition d'un cœur comme le mien.
Voyez-moi plus souvent, et ne me donnez rien.
Tous vos moments sont-ils dévoués à l'Empire ?
Ce cœur, après huit jours, n'a-t-il rien à me dire ?
Qu'un mot va rassurer mes timides esprits !
Mais parliez-vous de moi quand je vous ai surpris ?
Dans vos secrets discours étais-je intéressée,
Seigneur ? Étais-je au moins présente à la pensée ?

TITUS

N'en doutez point, Madame ; et j'atteste les Dieux
Que toujours Bérénice est présente à mes yeux.
L'absence ni le temps, je vous le jure encore,
Ne vous peuvent ravir ce cœur qui vous adore.

BÉRÉNICE

Hé quoi ? vous me jurez une éternelle ardeur,
Et vous me la jurez avec cette froideur ?
Pourquoi même du ciel attester la puissance ?
Faut-il par des serments vaincre ma défiance ?
Mon cœur ne prétend point, Seigneur, vous démentir,
Et je vous en croirai sur un simple soupir.

TITUS

Madame...

BÉRÉNICE

Hé bien? Seigneur. Mais quoi, sans me répondre,
Vous détournez les yeux et semblez vous confondre!
Ne m'offrirez-vous plus qu'un visage interdit?
Toujours la mort d'un père occupe votre esprit?
Rien ne peut-il charmer l'ennui qui vous dévore?

TITUS

Plût au ciel que mon père, hélas! vécût encore!
Que je vivais heureux!

BÉRÉNICE

                    Seigneur, tous ces regrets
De votre piété sont les justes effets;
Mais vos pleurs ont assez honoré sa mémoire :
Vous devez d'autres soins à Rome, à votre gloire.
De mon propre intérêt je n'ose vous parler.
Bérénice autrefois pouvait vous consoler;
Avec plus de plaisir vous m'avez écoutée.
De combien de malheurs pour vous persécutée,
Vous ai-je pour un mot sacrifié mes pleurs!
Vous regrettez un père. Hélas, faibles douleurs!
Et moi (ce souvenir me fait frémir encore),
On voulait m'arracher de tout ce que j'adore;
Moi, dont vous connaissez le trouble et le tourment
Quand vous ne me quittez que pour quelque moment;
Moi, qui mourrais le jour qu'on voudrait m'interdire
De vous...

TITUS

Madame, hélas! que me venez-vous dire?

Quel temps choisissez-vous? Ah! de grâce, arrêtez.
C'est trop pour un ingrat prodiguer vos bontés.

BÉRÉNICE

Pour un ingrat, Seigneur! Et le pouvez-vous être?
Ainsi donc mes bontés vous fatiguent peut-être?

TITUS

Non, Madame. Jamais, puisqu'il faut vous parler,
Mon cœur de plus de feux ne se sentit brûler.
Mais...

BÉRÉNICE

Achevez.

TITUS

Hélas!

BÉRÉNICE

Parlez.

TITUS

Rome... L'Empire...

BÉRÉNICE

Hé bien?

TITUS

Sortons, Paulin : je ne lui puis rien dire.

SCÈNE V

BÉRÉNICE, PHÉNICE

BÉRÉNICE

Quoi! me quitter sitôt, et ne me dire rien?
Chère Phénice, hélas! quel funeste entretien!
Qu'ai-je fait? Que veut-il? Et que dit ce silence?

PHÉNICE

Comme vous je me perds d'autant plus que j'y pense.
Mais ne s'offre-t-il rien à votre souvenir
Qui contre vous, Madame, ait pu le prévenir?
Voyez, examinez.

BÉRÉNICE

                    Hélas! tu peux m'en croire,
Plus je veux du passé rappeler la mémoire,
Du jour que je le vis jusqu'à ce triste jour,
Plus je vois qu'on me peut reprocher trop d'amour.
Mais tu nous entendais. Il ne faut rien me taire.
Parle. N'ai-je rien dit qui lui puisse déplaire?
Que sais-je? J'ai peut-être avec trop de chaleur
Rabaissé ses présents ou blâmé sa douleur.
N'est-ce point que de Rome il redoute la haine?
Il craint peut-être, il craint d'épouser une reine.
Hélas! s'il était vrai... Mais non, il a cent fois
Rassuré mon amour contre leurs dures lois;
Cent fois... Ah! qu'il m'explique un silence si rude :
Je ne respire pas dans cette incertitude.
Moi, je vivrais, Phénice, et je pourrais penser

Qu'il me néglige, ou bien que j'ai pu l'offenser?
Retournons sur ses pas. Mais quand je m'examine,
Je crois de ce désordre entrevoir l'origine,
Phénice : il aura su tout ce qui s'est passé;
L'amour d'Antiochus l'a peut-être offensé.
Il attend, m'a-t-on dit, le roi de Comagène.
Ne cherchons point ailleurs le sujet de ma peine.
Sans doute ce chagrin qui vient de m'alarmer
N'est qu'un léger soupçon facile à désarmer.
Je ne te vante point cette faible victoire,
Titus. Ah! plût au ciel que sans blesser ta gloire
Un rival plus puissant voulût tenter ma foi,
Et pût mettre à mes pieds plus d'empires que toi;
Que de sceptres sans nombre il pût payer ma flamme,
Que ton amour n'eût rien à donner que ton âme :
C'est alors, cher Titus, qu'aimé, victorieux,
Tu verrais de quel prix ton cœur est à mes yeux.
Allons, Phénice, un mot pourra le satisfaire.
Rassurons-nous, mon cœur, je puis encor lui plaire :
Je me comptais trop tôt au rang des malheureux.
Si Titus est jaloux, Titus est amoureux.

ACTE III

SCÈNE PREMIÈRE

TITUS, ANTIOCHUS, ARSACE

TITUS

Quoi! Prince, vous partiez? Quelle raison subite

Presse votre départ, ou plutôt votre fuite?
Vouliez-vous me cacher jusques à vos adieux?
Est-ce comme ennemi que vous quittez ces lieux?
Que diront avec moi la cour, Rome, l'Empire?
Mais, comme votre ami, que ne puis-je point dire?
De quoi m'accusez-vous? Vous avais-je sans choix
Confondu jusqu'ici dans la foule des rois?
Mon cœur vous fut ouvert tant qu'a vécu mon père :
C'était le seul présent que je pouvais vous faire.
Et lorsque avec mon cœur ma main peut s'épancher,
Vous fuyez mes bienfaits tout prêts à vous chercher?
Pensez-vous qu'oubliant ma fortune passée,
Sur ma seule grandeur j'arrête ma pensée?
Et que tous mes amis s'y présentent de loin
Comme autant d'inconnus dont je n'ai plus besoin?
Vous-même, à mes regards qui vouliez vous soustraire,
Prince, plus que jamais vous m'êtes nécessaire.

ANTIOCHUS

Moi, Seigneur?

TITUS

Vous.

ANTIOCHUS

Hélas! d'un prince malheureux
Que pouvez-vous, Seigneur, attendre que des vœux?

TITUS

Je n'ai pas oublié, Prince, que ma victoire
Devait à vos exploits la moitié de sa gloire,
Que Rome vit passer au nombre des vaincus

Plus d'un captif chargé des fers d'Antiochus,
Que dans le Capitole elle voit attachées
Les dépouilles des Juifs par vos mains arrachées.
Je n'attends pas de vous de ces sanglants exploits,
Et je veux seulement emprunter votre voix.
Je sais que Bérénice, à vos soins redevable,
Croit posséder en vous un ami véritable.
Elle ne voit dans Rome et n'écoute que vous;
Vous ne faites qu'un cœur et qu'une âme avec nous.
Au nom d'une amitié si constante et si belle,
Employez le pouvoir que vous avez sur elle.
Voyez-la de ma part.

ANTIOCHUS

                Moi, paraître à ses yeux?
La Reine pour jamais a reçu mes adieux.

TITUS

Prince, il faut que pour moi vous lui parliez encore.

ANTIOCHUS

Ah! parlez-lui, Seigneur : la Reine vous adore.
Pourquoi vous dérober vous-même en ce moment
Le plaisir de lui faire un aveu si charmant?
Elle l'attend, Seigneur, avec impatience.
Je réponds, en partant, de son obéissance;
Et même elle m'a dit que prêt à l'épouser,
Vous ne la verrez plus que pour l'y disposer.

TITUS

Ah! qu'un aveu si doux aurait lieu de me plaire!
Que je serais heureux, si j'avais à le faire!

Mes transports aujourd'hui s'attendaient d'éclater ;
Cependant aujourd'hui, Prince, il faut la quitter.

ANTIOCHUS

La quitter ! Vous, Seigneur ?

TITUS

                    Telle est ma destinée.
Pour elle et pour Titus il n'est plus d'hyménée.
D'un espoir si charmant je me flattais en vain :
Prince, il faut avec vous qu'elle parte demain.

ANTIOCHUS

Qu'entends-je ? O ciel !

TITUS

                    Plaignez ma grandeur importune.
Maître de l'univers, je règle sa fortune ;
Je puis faire les rois, je puis les déposer :
Cependant de mon cœur je ne puis disposer.
Rome, contre les rois de tout temps soulevée,
Dédaigne une beauté dans la pourpre élevée.
L'éclat du diadème et cent rois pour aïeux
Déshonorent ma flamme et blessent tous les yeux.
Mon cœur, libre d'ailleurs, sans craindre les murmures,
Peut brûler à son choix dans des flammes obscures ;
Et Rome avec plaisir recevrait de ma main
La moins digne beauté qu'elle cache en son sein.
Jules céda lui-même au torrent qui m'entraîne.
Si le peuple demain ne voit partir la Reine,

Demain elle entendra ce peuple furieux
Me venir demander son départ à ses yeux.
Sauvons de cet affront mon nom et sa mémoire ;
Et puisqu'il faut céder, cédons à notre gloire.
Ma bouche et mes regards, muets depuis huit jours,
L'auront pu préparer à ce triste discours.
Et même en ce moment, inquiète, empressée,
Elle veut qu'à ses yeux j'explique ma pensée.
D'un amant interdit soulagez le tourment :
Épargnez à mon cœur cet éclaircissement.
Allez, expliquez-lui mon trouble et mon silence.
Surtout qu'elle me laisse éviter sa présence.
Soyez le seul témoin de ses pleurs et des miens ;
Portez-lui mes adieux, et recevez les siens.
Fuyons tous deux, fuyons un spectacle funeste,
Qui de notre constance accablerait le reste.
Si l'espoir de régner et de vivre en mon cœur
Peut de son infortune adoucir la rigueur,
Ah ! Prince, jurez-lui que toujours trop fidèle,
Gémissant dans ma cour, et plus exilé qu'elle,
Portant jusqu'au tombeau le nom de son amant,
Mon règne ne sera qu'un long bannissement,
Si le ciel, non content de me l'avoir ravie,
Veut encor m'affliger par une longue vie.
Vous que l'amitié seule attache sur ses pas,
Prince, dans son malheur ne l'abandonnez pas.
Que l'Orient vous voie arriver à sa suite ;
Que ce soit un triomphe, et non pas une fuite ;
Qu'une amitié si belle ait d'éternels liens ;
Que mon nom soit toujours dans tous vos entretiens.
Pour rendre vos États plus voisins l'un de l'autre,
L'Euphrate bornera son empire et le vôtre.
Je sais que le sénat, tout plein de votre nom,
D'une commune voix confirmera ce don.
Je joins la Cilicie à votre Comagène.
Adieu : ne quittez point ma princesse, ma reine,

Tout ce qui de mon cœur fut l'unique désir,
Tout ce que j'aimerais jusqu'au dernier soupir.

SCÈNE II

ANTIOCHUS, ARSACE

ARSACE

Ainsi le ciel s'apprête à vous rendre justice.
Vous partirez, Seigneur, mais avec Bérénice.
Loin de vous la ravir, on va vous la livrer.

ANTIOCHUS

Arsace, laisse-moi le temps de respirer.
Ce changement est grand, ma surprise est extrême.
Titus entre mes mains remet tout ce qu'il aime!
Dois-je croire, grands Dieux! ce que je viens d'ouïr?
Et quand je le croirais, dois-je m'en réjouir?

ARSACE

Mais moi-même, Seigneur, que faut-il que je croie?
Quel obstacle nouveau s'oppose à votre joie?
Me trompiez-vous tantôt au sortir de ces lieux,
Lorsque encor tout ému de vos derniers adieux,
Tremblant d'avoir osé s'expliquer devant elle,
Votre cœur me contait son audace nouvelle?
Vous fuyiez un hymen qui vous faisait trembler.
Cet hymen est rompu : quel soin peut vous troubler?
Suivez les doux transports où l'amour vous invite.

ANTIOCHUS

Arsace, je me vois chargé de sa conduite;

Je jouirai longtemps de ses chers entretiens,
Ses yeux même pourront s'accoutumer aux miens ;
Et peut-être son cœur fera la différence
Des froideurs de Titus à ma persévérance.
Titus m'accable ici du poids de sa grandeur :
Tout disparaît dans Rome auprès de sa splendeur ;
Mais quoique l'Orient soit plein de sa mémoire,
Bérénice y verra des traces de ma gloire.

ARSACE

N'en doutez point, Seigneur, tout succède à vos vœux.

ANTIOCHUS

Ah ! que nous nous plaisons à nous tromper tous deux !

ARSACE

Et pourquoi nous tromper ?

ANTIOCHUS

                    Quoi ! je lui pourrais plaire ?
Bérénice à mes vœux ne serait plus contraire ?
Bérénice d'un mot flatterait mes douleurs ?
Penses-tu seulement que parmi ses malheurs,
Quand l'univers entier négligerait ses charmes,
L'ingrate me permît de lui donner des larmes,
Ou qu'elle s'abaissât jusques à recevoir
Des soins qu'à mon amour elle croirait devoir ?

ARSACE

Et qui peut mieux que vous consoler sa disgrâce ?

Sa fortune, Seigneur, va prendre une autre face.
Titus la quitte.

ANTIOCHUS

      Hélas ! de ce grand changement
Il ne me reviendra que le nouveau tourment
D'apprendre par ses pleurs à quel point elle l'aime.
Je la verrai gémir; je la plaindrai moi-même.
Pour fruit de tant d'amour, j'aurai le triste emploi
De recueillir des pleurs qui ne sont pas pour moi.

ARSACE

Quoi ! ne vous plairez-vous qu'à vous gêner sans cesse ?
Jamais dans un grand cœur vit-on plus de faiblesse ?
Ouvrez les yeux, Seigneur, et songeons entre nous
Par combien de raisons Bérénice est à vous.
Puisque aujourd'hui Titus ne prétend plus lui plaire,
Songez que votre hymen lui devient nécessaire.

ANTIOCHUS

Nécessaire !

ARSACE

      A ses pleurs accordez quelques jours;
De ses premiers sanglots laissez passer le cours :
Tout parlera pour vous, le dépit, la vengeance,
L'absence de Titus, le temps, votre présence,
Trois sceptres que son bras ne peut seul soutenir,
Vos deux États voisins, qui cherchent à s'unir.
L'intérêt, la raison, l'amitié, tout vous lie.

ANTIOCHUS

Oui, je respire, Arsace, et tu me rends la vie :

J'accepte avec plaisir un présage si doux.
Que tardons-nous? Faisons ce qu'on attend de nous.
Entrons chez Bérénice; et puisqu'on nous l'ordonne,
Allons lui déclarer que Titus l'abandonne.
Mais plutôt demeurons. Que faisais-je? Est-ce à moi,
Arsace, à me charger de ce cruel emploi?
Soit vertu, soit amour, mon cœur s'en effarouche.
L'aimable Bérénice entendrait de ma bouche
Qu'on l'abandonne! Ah Reine! Et qui l'aurait pensé
Que ce mot dût jamais vous être prononcé?

ARSACE

La haine sur Titus tombera toute entière :
Seigneur, si vous parlez, ce n'est qu'à sa prière.

ANTIOCHUS

Non, ne la voyons point. Respectons sa douleur :
Assez d'autres viendront lui conter son malheur.
Et ne la crois-tu pas assez infortunée
D'apprendre à quel mépris Titus l'a condamnée,
Sans lui donner encor le déplaisir fatal
D'apprendre ce mépris par son propre rival?
Encore un coup, fuyons; et par cette nouvelle
N'allons point nous charger d'une haine immortelle.

ARSACE

Ah! la voici, Seigneur : prenez votre parti.

ANTIOCHUS

O ciel!

SCÈNE III

BÉRÉNICE, ANTIOCHUS, ARSACE, PHÉNICE

BÉRÉNICE

Hé quoi, Seigneur, vous n'êtes point parti?

ANTIOCHUS

Madame, je vois bien que vous êtes déçue,
Et que c'était César que cherchait votre vue.
Mais n'accusez que lui, si malgré mes adieux
De ma présence encor j'importune vos yeux.
Peut-être en ce moment je serais dans Ostie,
S'il ne m'eût de sa cour défendu la sortie.

BÉRÉNICE

Il vous cherche vous seul. Il nous évite tous.

ANTIOCHUS

Il ne m'a retenu que pour parler de vous.

BÉRÉNICE

De moi, Prince!

ANTIOCHUS

Oui, Madame.

BÉRÉNICE

Et qu'a-t-il pu vous dire?

ANTIOCHUS

Mille autres mieux que moi pourront vous en instruire.

BÉRÉNICE

Quoi, Seigneur...

ANTIOCHUS

            Suspendez votre ressentiment.
D'autres, loin de se taire en ce même moment,
Triompheraient peut-être, et pleins de confiance
Céderaient avec joie à votre impatience.
Mais moi, toujours tremblant, moi, vous le savez bien,
A qui votre repos est plus cher que le mien,
Pour ne le point troubler, j'aime mieux vous déplaire,
Et crains votre douleur plus que votre colère.
Avant la fin du jour vous me justifîrez.
Adieu, Madame.

BÉRÉNICE

            O ciel! quel discours! Demeurez.
Prince, c'est trop cacher mon trouble à votre vue.
Vous voyez devant vous une reine éperdue,
Qui, la mort dans le sein, vous demande deux mots.
Vous craignez, dites-vous, de troubler mon repos;
Et vos refus cruels, loin d'épargner ma peine,
Excitent ma douleur, ma colère, ma haine.
Seigneur, si mon repos vous est si précieux,
Si moi-même jamais je fus chère à vos yeux,
Éclaircissez le trouble où vous voyez mon âme.
Que vous a dit Titus?

ANTIOCHUS

            Au nom des Dieux, Madame...

BÉRÉNICE

Quoi! vous craignez si peu de me désobéir?

ANTIOCHUS

Je n'ai qu'à vous parler pour me faire haïr.

BÉRÉNICE

Je veux que vous parliez.

ANTIOCHUS

        Dieux! quelle violence!
Madame, encore un coup, vous loûrez mon silence.

BÉRÉNICE

Prince, dès ce moment contentez mes souhaits,
Ou soyez de ma haine assuré pour jamais.

ANTIOCHUS

Madame, après cela, je ne puis plus me taire.
Hé bien, vous le voulez, il faut vous satisfaire.
Mais ne vous flattez point : je vais vous annoncer
Peut-être des malheurs où vous n'osez penser.
Je connais votre cœur : vous devez vous attendre
Que je vais le frapper par l'endroit le plus tendre.
Titus m'a commandé...

BÉRÉNICE

        Quoi?

ANTIOCHUS

> De vous déclarer
> Qu'à jamais l'un de l'autre il faut vous séparer.

BÉRÉNICE

Nous séparer ? Qui ? Moi ? Titus de Bérénice !

ANTIOCHUS

Il faut que devant vous je lui rende justice.
Tout ce que dans un cœur sensible et généreux
L'amour au désespoir peut rassembler d'affreux,
Je l'ai vu dans le sien. Il pleure ; il vous adore.
Mais enfin que lui sert de vous aimer encore ?
Une reine est suspecte à l'empire romain.
Il faut vous séparer, et vous partez demain.

BÉRÉNICE

Nous séparer ! Hélas, Phénice !

PHÉNICE

> Hé bien, Madame ?
> Il faut ici montrer la grandeur de votre âme.
> Ce coup sans doute est rude, il doit vous étonner.

BÉRÉNICE

Après tant de serments, Titus m'abandonner !
Titus qui me jurait... Non, je ne le puis croire :
Il ne me quitte point, il y va de sa gloire.
Contre son innocence on veut me prévenir.

Ce piège n'est tendu que pour nous désunir.
Titus m'aime. Titus ne veut point que je meure.
Allons le voir. Je veux lui parler tout à l'heure.
Allons.

ANTIOCHUS

Quoi? vous pourriez ici me regarder...

BÉRÉNICE

Vous le souhaitez trop pour me persuader.
Non, je ne vous crois point. Mais quoi qu'il en puisse être,
Pour jamais à mes yeux gardez-vous de paraître.

A Phénice.

Ne m'abandonne pas dans l'état où je suis.
Hélas! pour me tromper je fais ce que je puis.

SCÈNE IV

ANTIOCHUS, ARSACE

ANTIOCHUS

Ne me trompé-je point? L'ai-je bien entendue?
Que je me garde, moi, de paraître à sa vue?
Je m'en garderai bien. Et ne partais-je pas,
Si Titus malgré moi n'eût arrêté mes pas?
Sans doute, il faut partir. Continuons, Arsace.
Elle croit m'affliger : sa haine me fait grâce.
Tu me voyais tantôt inquiet, égaré :
Je partais amoureux, jaloux, désespéré;

Et maintenant, Arsace, après cette défense,
Je partirai peut-être avec indifférence.

ARSACE

Moins que jamais, Seigneur, il faut vous éloigner.

ANTIOCHUS

Moi, je demeurerai pour me voir dédaigner?
Des froideurs de Titus je serai responsable?
Je me verrai puni parce qu'il est coupable?
Avec quelle injustice et quelle indignité
Elle doute à mes yeux de ma sincérité!
Titus l'aime, dit-elle, et moi je l'ai trahie.
L'ingrate! M'accuser de cette perfidie!
Et dans quel temps encor? Dans le moment fatal
Que j'étale à ses yeux les pleurs de mon rival,
Que pour la consoler je le faisais paraître
Amoureux et constant, plus qu'il ne l'est peut-être.

ARSACE

Et de quel soin, Seigneur, vous allez-vous troubler?
Laissez à ce torrent le temps de s'écouler.
Dans huit jours, dans un mois, n'importe, il faut qu'il
                                                    [passe.
Demeurez seulement.

ANTIOCHUS

                Non, je la quitte, Arsace.
Je sens qu'à sa douleur je pourrais compatir :
Ma gloire, mon repos, tout m'excite à partir.
Allons; et de si loin évitons la cruelle,
Que de longtemps, Arsace, on ne nous parle d'elle.

Toutefois il nous reste encore assez de jour :
Je vais dans mon palais attendre ton retour.
Va voir si la douleur ne l'a point trop saisie.
Cours ; et partons du moins assurés de sa vie.

ACTE IV

SCÈNE PREMIÈRE

BÉRÉNICE, *seule.*

Phénice ne vient point ? Moments trop rigoureux,
Que vous paraissez lents à mes rapides vœux !
Je m'agite, je cours, languissante, abattue ;
La force m'abandonne, et le repos me tue.
Phénice ne vient point ? Ah ! que cette longueur
D'un présage funeste épouvante mon cœur !
Phénice n'aura point de réponse à me rendre.
Titus, l'ingrat Titus n'a point voulu l'entendre :
Il fuit, il se dérobe à ma juste fureur.

SCÈNE II

BÉRÉNICE, PHÉNICE

BÉRÉNICE

Chère Phénice, hé bien ! as-tu vu l'Empereur ?
Qu'a-t-il dit ? Viendra-t-il ?

PHÉNICE

Oui, je l'ai vu, Madame,

Et j'ai peint à ses yeux le trouble de votre âme.
J'ai vu couler des pleurs qu'il voulait retenir.

BÉRÉNICE

Vient-il?

PHÉNICE

N'en doutez point, Madame, il va venir.
Mais voulez-vous paraître en ce désordre extrême?
Remettez-vous, Madame, et rentrez en vous-même.
Laissez-moi relever ces voiles détachés,
Et ces cheveux épars dont vos yeux sont cachés.
Souffrez que de vos pleurs je répare l'outrage.

BÉRÉNICE

Laisse, laisse, Phénice, il verra son ouvrage.
Et que m'importe, hélas! de ces vains ornements?
Si ma foi, si mes pleurs, si mes gémissements,
Mais que dis-je, mes pleurs? si ma perte certaine,
Si ma mort toute prête enfin ne le ramène,
Dis-moi, que produiront tes secours superflus,
Et tout ce faible éclat qui ne le touche plus?

PHÉNICE

Pourquoi lui faites-vous cet injuste reproche?
J'entends du bruit, Madame, et l'Empereur s'approche.
Venez, fuyez la foule, et rentrons promptement.
Vous l'entretiendrez seul dans votre appartement.

SCÈNE III

TITUS, PAULIN, SUITE

TITUS

De la Reine, Paulin, flattez l'inquiétude.

Je vais la voir. Je veux un peu de solitude.
Que l'on me laisse.

PAULIN

O ciel! que je crains ce combat!
Grands Dieux, sauvez sa gloire et l'honneur de l'État.
Voyons la Reine.

SCÈNE IV

TITUS, *seul.*

Hé bien! Titus, que viens-tu faire?
Bérénice t'attend. Où viens-tu, téméraire?
Tes adieux sont-ils prêts? T'es-tu bien consulté?
Ton cœur te promet-il assez de cruauté?
Car enfin au combat qui pour toi se prépare
C'est peu d'être constant, il faut être barbare.
Soutiendrai-je ces yeux dont la douce langueur
Sait si bien découvrir les chemins de mon cœur?
Quand je verrai ces yeux armés de tous leurs charmes,
Attachés sur les miens, m'accabler de leurs larmes,
Me souviendrai-je alors de mon triste devoir?
Pourrai-je dire enfin : *Je ne veux plus vous voir?*
Je viens percer un cœur que j'adore, qui m'aime.
Et pourquoi le percer? Qui l'ordonne? Moi-même.
Car enfin Rome a-t-elle expliqué ses souhaits?
L'entendons-nous crier autour de ce palais?
Vois-je l'État penchant au bord du précipice?
Ne le puis-je sauver que par ce sacrifice?
Tout se tait; et moi seul, trop prompt à me troubler,
J'avance des malheurs que je puis reculer.
Et qui sait si, sensible aux vertus de la Reine,

Rome ne voudra point l'avouer pour Romaine?
Rome peut par son choix justifier le mien.
Non, non, encore un coup, ne précipitons rien.
Que Rome avec ses lois mette dans la balance
Tant de pleurs, tant d'amour, tant de persévérance :
Rome sera pour nous. Titus, ouvre les yeux!
Quel air respires-tu? N'es-tu pas dans ces lieux
Où la haine des rois, avec le lait sucée,
Par crainte ou par amour ne peut être effacée?
Rome jugea ta Reine en condamnant ses rois.
N'as-tu pas en naissant entendu cette voix?
Et n'as-tu pas encore ouï la Renommée
T'annoncer ton devoir jusque dans ton armée?
Et lorsque Bérénice arriva sur tes pas,
Ce que Rome en jugeait, ne l'entendis-tu pas?
Faut-il donc tant de fois te le faire redire?
Ah lâche! fais l'amour, et renonce à l'Empire.
Au bout de l'univers va, cours te confiner,
Et fais place à des cœurs plus dignes de régner.
Sont-ce là ces projets de grandeur et de gloire
Qui devaient dans les cœurs consacrer ma mémoire?
Depuis huit jours je règne; et jusques à ce jour,
Qu'ai-je fait pour l'honneur? J'ai tout fait pour l'amour.
D'un temps si précieux quel compte puis-je rendre?
Où sont ces heureux jours que je faisais attendre?
Quels pleurs ai-je séchés? Dans quels yeux satisfaits
Ai-je déjà goûté le fruit de mes bienfaits?
L'univers a-t-il vu changer ses destinées?
Sais-je combien le ciel m'a compté de journées?
Et de ce peu de jours si longtemps attendus,
Ah! malheureux, combien j'en ai déjà perdus!
    Ne tardons plus : faisons ce que l'honneur exige;
Rompons le seul lien...

SCÈNE V

BÉRÉNICE, TITUS

BÉRÉNICE, *en sortant.*

                    Non, laissez-moi, vous dis-je.
En vain tous vos conseils me retiennent ici :
Il faut que je le voie. Ah, Seigneur ! vous voici.
    Hé bien, il est donc vrai que Titus m'abandonne ?
Il faut nous séparer ; et c'est lui qui l'ordonne.

TITUS

N'accablez point, Madame, un Prince malheureux :
Il ne faut point ici nous attendrir tous deux.
Un trouble assez cruel m'agite et me dévore,
Sans que des pleurs si chers me déchirent encore.
Rappelez bien plutôt ce cœur, qui tant de fois
M'a fait de mon devoir reconnaître la voix.
Il en est temps. Forcez votre amour à se taire ;
Et d'un œil que la gloire et la raison éclaire,
Contemplez mon devoir dans toute sa rigueur.
Vous-même contre vous fortifiez mon cœur :
Aidez-moi, s'il se peut, à vaincre sa faiblesse,
A retenir des pleurs qui m'échappent sans cesse ;
Ou si nous ne pouvons commander à nos pleurs,
Que la gloire du moins soutienne nos douleurs,
Et que tout l'univers reconnaisse sans peine
Les pleurs d'un Empereur et les pleurs d'une Reine.
Car enfin, ma Princesse, il faut nous séparer.

BÉRÉNICE

Ah ! cruel ! Est-il temps de me le déclarer ?

Qu'avez-vous fait ? Hélas ! je me suis crue aimée.
Au plaisir de vous voir mon âme accoutumée
Ne vit plus que pour vous. Ignoriez-vous vos lois,
Quand je vous l'avouai pour la première fois ?
A quel excès d'amour m'avez-vous amenée !
Que ne me disiez-vous : « Princesse infortunée,
Où vas-tu t'engager, et quel est ton espoir ?
Ne donne point un cœur qu'on ne peut recevoir. »
Ne l'avez-vous reçu, cruel, que pour le rendre,
Quand de vos seules mains ce cœur voudrait dépendre ?
Tout l'Empire a vingt fois conspiré contre nous.
Il était temps encor : que ne me quittiez-vous ?
Mille raisons alors consolaient ma misère :
Je pouvais de ma mort accuser votre père,
Le peuple, le sénat, tout l'empire romain,
Tout l'univers, plutôt qu'une si chère main.
Leur haine, dès longtemps contre moi déclarée,
M'avait à mon malheur dès longtemps préparée.
Je n'aurais pas, Seigneur, reçu ce coup cruel
Dans le temps que j'espère un bonheur immortel,
Quand votre heureux amour peut tout ce qu'il désire,
Lorsque Rome se tait, quand votre père expire,
Lorsque tout l'univers fléchit à vos genoux.
Enfin quand je n'ai plus à redouter que vous.

TITUS

Et c'est moi seul aussi qui pouvais me détruire.
Je pouvais vivre alors et me laisser séduire.
Mon cœur se gardait bien d'aller dans l'avenir
Chercher ce qui pouvait un jour nous désunir.
Je voulais qu'à mes vœux rien ne fût invincible,
Je n'examinais rien, j'espérais l'impossible.
Que sais-je ? j'espérais de mourir à vos yeux,
Avant que d'en venir à ces cruels adieux.
Les obstacles semblaient renouveler ma flamme.

Tout l'Empire parlait ; mais la gloire, Madame,
Ne s'était point encor fait entendre à mon cœur
Du ton dont elle parle au cœur d'un Empereur.
Je sais tous les tourments où ce dessein me livre ;
Je sens bien que sans vous je ne saurais plus vivre,
Que mon cœur de moi-même est prêt à s'éloigner ;
Mais il ne s'agit plus de vivre, il faut régner.

BÉRÉNICE

Hé bien ! régnez, cruel ; contentez votre gloire :
Je ne dispute plus. J'attendais, pour vous croire,
Que cette même bouche, après mille serments
D'un amour qui devait unir tous nos moments,
Cette bouche, à mes yeux s'avouant infidèle,
M'ordonnât elle-même une absence éternelle.
Moi-même j'ai voulu vous entendre en ce lieu.
Je n'écoute plus rien ; et pour jamais, adieu.
   Pour jamais ! Ah ! Seigneur, songez-vous en vous-
                         [même
Combien ce mot cruel est affreux quand on aime ?
Dans un mois, dans un an, comment souffrirons-nous,
Seigneur, que tant de mers me séparent de vous ?
Que le jour recommence et que le jour finisse,
Sans que jamais Titus puisse voir Bérénice,
Sans que de tout le jour je puisse voir Titus !
   Mais quelle est mon erreur, et que de soins perdus !
L'ingrat, de mon départ consolé par avance,
Daignera-t-il compter les jours de mon absence ?
Ces jours si longs pour moi lui sembleront trop courts.

TITUS

Je n'aurai pas, Madame, à compter tant de jours.
J'espère que bientôt la triste Renommée
Vous fera confesser que vous étiez aimée.

Vous verrez que Titus n'a pu sans expirer...

BÉRÉNICE

Ah! Seigneur, s'il est vrai, pourquoi nous séparer?
Je ne vous parle point d'un heureux hyménée :
Rome à ne vous plus voir m'a-t-elle condamnée?
Pourquoi m'enviez-vous l'air que vous respirez?

TITUS

Hélas! vous pouvez tout, Madame. Demeurez :
Je n'y résiste point. Mais je sens ma faiblesse :
Il faudra vous combattre et vous craindre sans cesse,
Et sans cesse veiller à retenir mes pas
Que vers vous à toute heure entraînent vos appas.
Que dis-je? En ce moment mon cœur, hors de lui-même,
S'oublie, et se souvient seulement qu'il vous aime.

BÉRÉNICE

Hé bien, Seigneur, hé bien! qu'en peut-il arriver?
Voyez-vous les Romains prêts à se soulever?

TITUS

Et qui sait de quel œil ils prendront cette injure?
S'ils parlent, si les cris succèdent au murmure,
Faudra-t-il par le sang justifier mon choix?
S'ils se taisent, Madame, et me vendent leurs lois,
A quoi m'exposez-vous? Par quelle complaisance
Faudra-t-il quelque jour payer leur patience?
Que n'oseront-ils point alors me demander?
Maintiendrai-je des lois que je ne puis garder?

BÉRÉNICE

Vous ne comptez pour rien les pleurs de Bérénice.

TITUS

Je les compte pour rien? Ah ciel! quelle injustice!

BÉRÉNICE

Quoi? pour d'injustes lois que vous pouvez changer,
En d'éternels chagrins vous-même vous plonger?
Rome a ses droits, Seigneur. N'avez-vous pas les vôtres?
Dites, parlez.

TITUS

Hélas! Que vous me déchirez!

BÉRÉNICE

Vous êtes empereur, Seigneur, et vous pleurez!

TITUS

Oui, Madame, il est vrai, je pleure, je soupire,
Je frémis. Mais enfin, quand j'acceptai l'Empire,
Rome me fit jurer de maintenir ses droits :
Il les faut maintenir. Déjà plus d'une fois
Rome a de mes pareils exercé la constance.
Ah! si vous remontiez jusques à sa naissance,
Vous les verriez toujours à ses ordres soumis.
L'un, jaloux de sa foi, va chez les ennemis
Chercher, avec la mort, la peine toute prête;
D'un fils victorieux l'autre proscrit la tête;
L'autre, avec des yeux secs et presque indifférents,
Voit mourir ses deux fils par son ordre expirants.
Malheureux! mais toujours la patrie et la gloire

Ont parmi les Romains remporté la victoire.
Je sais qu'en vous quittant le malheureux Titus
Passe l'austérité de toutes leurs vertus ;
Qu'elle n'approche point de cet effort insigne.
Mais, Madame, après tout, me croyez-vous indigne
De laisser un exemple à la postérité,
Qui sans de grands efforts ne puisse être imité ?

BÉRÉNICE

Non, je crois tout facile à votre barbarie.
Je vous crois digne, ingrat, de m'arracher la vie.
De tous vos sentiments mon cœur est éclairci.
Je ne vous parle plus de me laisser ici.
Qui ? moi ? j'aurais voulu, honteuse et méprisée,
D'un peuple qui me hait soutenir la risée ?
J'ai voulu vous pousser jusques à ce refus.
C'en est fait, et bientôt vous ne me craindrez plus.
N'attendez pas ici que j'éclate en injures,
Que j'atteste le ciel, ennemi des parjures.
Non, si le ciel encore est touché de mes pleurs,
Je le prie en mourant d'oublier mes douleurs.
Si je forme des vœux contre votre injustice,
Si devant que mourir la triste Bérénice
Vous veut de son trépas laisser quelque vengeur,
Je ne le cherche, ingrat, qu'au fond de votre cœur.
Je sais que tant d'amour n'en peut être effacée ;
Que ma douleur présente, et ma bonté passée,
Mon sang, qu'en ce palais je veux même verser,
Sont autant d'ennemis que je vais vous laisser ;
Et sans me repentir de ma persévérance,
Je me remets sur eux de toute ma vengeance.
Adieu.

SCÈNE VI

TITUS, PAULIN

PAULIN

Dans quel dessein vient-elle de sortir,
Seigneur? Est-elle enfin disposée à partir?

TITUS

Paulin, je suis perdu, je n'y pourrai survivre.
La Reine veut mourir. Allons, il faut la suivre.
Courons à son secours.

PAULIN

                    Hé quoi! n'avez-vous pas
Ordonné dès tantôt qu'on observe ses pas?
Ses femmes, à toute heure autour d'elle empressées,
Sauront la détourner de ces tristes pensées.
Non, non, ne craignez rien. Voilà les plus grands coups,
Seigneur : continuez, la victoire est à vous.
Je sais que sans pitié vous n'avez pu l'entendre;
Moi-même en la voyant je n'ai pu m'en défendre.
Mais regardez plus loin : songez en ce malheur,
Quelle gloire va suivre un moment de douleur,
Quels applaudissements l'univers vous prépare,
Quel rang dans l'avenir.

TITUS

                    Non, je suis un barbare.
Moi-même je me hais. Néron, tant détesté,

N'a point à cet excès poussé sa cruauté.
Je ne souffrirai point que Bérénice expire.
Allons, Rome en dira ce qu'elle en voudra dire.

PAULIN

Quoi! Seigneur?

TITUS

           Je ne sais, Paulin, ce que je dis.
L'excès de la douleur accable mes esprits.

PAULIN

Ne troublez point le cours de votre renommée :
Déjà de vos adieux la nouvelle est semée.
Rome, qui gémissait, triomphe avec raison;
Tous les temples ouverts fument en votre nom;
Et le peuple, élevant vos vertus jusqu'aux nues,
Va partout de lauriers couronner vos statues.

TITUS

Ah, Rome! Ah, Bérénice! Ah, prince malheureux!
Pourquoi suis-je empereur? Pourquoi suis-je amoureux?

SCÈNE VII

TITUS, ANTIOCHUS, PAULIN, ARSACE

ANTIOCHUS

Qu'avez-vous fait, Seigneur? L'aimable Bérénice
Va peut-être expirer dans les bras de Phénice.

Elle n'entend ni pleurs, ni conseil, ni raison;
Elle implore à grands cris le fer et le poison.
Vous seul vous lui pouvez arracher cette envie.
On vous nomme, et ce nom la rappelle à la vie.
Ses yeux, toujours tournés vers votre appartement,
Semblent vous demander de moment en moment.
Je n'y puis résister, ce spectacle me tue.
Que tardez-vous? allez vous montrer à sa vue.
Sauvez tant de vertus, de grâces, de beauté,
Ou renoncez, Seigneur, à toute humanité.
Dites un mot.

TITUS

Hélas! quel mot puis-je lui dire?
Moi-même en ce moment sais-je si je respire?

SCÈNE VIII

TITUS, ANTIOCHUS, PAULIN, ARSACE, RUTILE

RUTILE

Seigneur, tous les tribuns, les consuls, le sénat
Viennent vous demander au nom de tout l'État.
Un grand peuple les suit, qui, plein d'impatience,
Dans votre appartement attend votre présence.

TITUS

Je vous entends, grands Dieux. Vous voulez rassurer
Ce cœur que vous voyez tout prêt à s'égarer.

PAULIN

Venez, Seigneur, passons dans la chambre prochaine :
Allons voir le sénat.

ANTIOCHUS

Ah! courez chez la Reine.

PAULIN

Quoi? vous pourriez, Seigneur, par cette indignité,
De l'Empire à vos pieds fouler la majesté?
Rome...

TITUS

Il suffit, Paulin, nous allons les entendre.
Prince, de ce devoir je ne puis me défendre.
Voyez la Reine. Allez. J'espère, à mon retour,
Qu'elle ne pourra plus douter de mon amour.

ACTE V

SCÈNE PREMIÈRE

ARSACE, *seul.*

Où pourrai-je trouver ce prince trop fidèle?
Ciel, conduisez mes pas, et secondez mon zèle.
Faites qu'en ce moment je lui puisse annoncer
Un bonheur où peut-être il n'ose plus penser.

SCÈNE II

ANTIOCHUS, ARSACE

ARSACE

Ah! quel heureux destin en ces lieux vous renvoie,
Seigneur?

ANTIOCHUS

Si mon retour t'apporte quelque joie,
Arsace, rends-en grâce à mon seul désespoir.

ARSACE

La Reine part, Seigneur.

ANTIOCHUS

Elle part?

ARSACE

Dès ce soir.
Ses ordres sont donnés. Elle s'est offensée
Que Titus à ses pleurs l'ait si longtemps laissée.
Un généreux dépit succède à sa fureur :
Bérénice renonce à Rome, à l'Empereur,
Et même veut partir avant que Rome instruite
Puisse voir son désordre et jouir de sa fuite.
Elle écrit à César.

ANTIOCHUS

O ciel! qui l'aurait cru?
Et Titus?

ARSACE

A ses yeux Titus n'a point paru.
Le peuple avec transport l'arrête et l'environne,
Applaudissant aux noms que le sénat lui donne;
Et ces noms, ces respects, ces applaudissements,
Deviennent pour Titus autant d'engagements,

Qui le liant, Seigneur, d'une honorable chaîne,
Malgré tous ses soupirs et les pleurs de la Reine,
Fixent dans son devoir ses vœux irrésolus.
C'en est fait; et peut-être il ne la verra plus.

ANTIOCHUS

Que de sujets d'espoir, Arsace, je l'avoue!
Mais d'un soin si cruel la fortune me joue,
J'ai vu tous mes projets tant de fois démentis,
Que j'écoute en tremblant tout ce que tu me dis;
Et mon cœur, prévenu d'une crainte importune,
Croit même, en espérant, irriter la fortune.
Mais que vois-je? Titus porte vers nous ses pas.
Que veut-il?

SCÈNE III

TITUS, ANTIOCHUS, ARSACE

TITUS, *en entrant*.

Demeurez : qu'on ne me suive pas.
Enfin, Prince, je viens dégager ma promesse.
Bérénice m'occupe et m'afflige sans cesse.
Je viens, le cœur percé de vos pleurs et des siens,
Calmer des déplaisirs moins cruels que les miens.
Venez, Prince, venez. Je veux bien que vous-même
Pour la dernière fois vous voyez si je l'aime.

SCÈNE IV

ANTIOCHUS, ARSACE

ANTIOCHUS

Hé bien! voilà l'espoir que tu m'avais rendu,
Et tu vois le triomphe où j'étais attendu.
Bérénice partait justement irritée!
Pour ne la plus revoir, Titus l'avait quittée!
Qu'ai-je donc fait, grands Dieux? Quel cours infortuné
A ma funeste vie aviez-vous destiné?
Tous mes moments ne sont qu'un éternel passage
De la crainte à l'espoir, de l'espoir à la rage.
Et je respire encor? Bérénice! Titus!
Dieux cruels! de mes pleurs vous ne vous rirez plus.

SCÈNE V

TITUS, BÉRÉNICE, PHÉNICE

BÉRÉNICE

Non, je n'écoute rien. Me voilà résolue :
Je veux partir. Pourquoi vous montrer à ma vue?
Pourquoi venir encore aigrir mon désespoir?
N'êtes-vous pas content? Je ne veux plus vous voir.

TITUS

Mais, de grâce, écoutez.

BÉRÉNICE

Il n'est plus temps.

TITUS

Madame,
Un mot.

BÉRÉNICE

Non.

TITUS

Dans quel trouble elle jette mon âme!
Ma Princesse, d'où vient ce changement soudain?

BÉRÉNICE

C'en est fait. Vous voulez que je parte demain;
Et moi, j'ai résolu de partir tout à l'heure;
Et je pars.

TITUS

Demeurez.

BÉRÉNICE

Ingrat, que je demeure!
Et pourquoi? Pour entendre un peuple injurieux
Qui fait de mon malheur retentir tous ces lieux?
Ne l'entendez-vous pas, cette cruelle joie,
Tandis que dans les pleurs moi seule je me noie?

Quel crime, quelle offense a pu les animer?
Hélas! et qu'ai-je fait que de vous trop aimer?

TITUS

Écoutez-vous, Madame, une foule insensée?

BÉRÉNICE

Je ne vois rien ici dont je ne sois blessée.
Tout cet appartement préparé par vos soins,
Ces lieux, de mon amour si longtemps les témoins?
Qui semblaient pour jamais me répondre du vôtre,
Ces festons, où nos noms enlacés l'un dans l'autre
A mes tristes regards viennent partout s'offrir,
Sont autant d'imposteurs que je ne puis souffrir.
Allons, Phénice.

TITUS

O ciel! Que vous êtes injuste!

BÉRÉNICE

Retournez, retournez vers ce sénat auguste
Qui vient vous applaudir de votre cruauté.
Hé bien, avec plaisir l'avez-vous écouté?
Êtes-vous pleinement content de votre gloire?
Avez-vous bien promis d'oublier ma mémoire?
Mais ce n'est pas assez expier vos amours:
Avez-vous bien promis de me haïr toujours?

TITUS

Non, je n'ai rien promis. Moi, que je vous haïsse!
Que je puisse jamais oublier Bérénice!

Ah Dieux ! dans quel moment son injuste rigueur
De ce cruel soupçon vient affliger mon cœur !
Connaissez-moi, Madame, et depuis cinq années
Comptez tous les moments et toutes les journées
Où par plus de transports et par plus de soupirs
Je vous ai de mon cœur exprimé les désirs :
Ce jour surpasse tout. Jamais, je le confesse,
Vous ne fûtes aimée avec tant de tendresse ;
Et jamais...

BÉRÉNICE

Vous m'aimez, vous me le soutenez ;
Et cependant je pars, et vous me l'ordonnez !
Quoi ? dans mon désespoir trouvez-vous tant de
[charmes ?
Craignez-vous que mes yeux versent trop peu de larmes ?
Que me sert de ce cœur l'inutile retour ?
Ah, cruel ! par pitié, montrez-moi moins d'amour.
Ne me rappelez point une trop chère idée,
Et laissez-moi du moins partir persuadée
Que déjà de votre âme exilée en secret,
J'abandonne un ingrat qui me perd sans regret.

Il lit une lettre.

Vous m'avez arraché ce que je viens d'écrire.
Voilà de votre amour tout ce que je désire.
Lisez, ingrat, lisez, et me laissez sortir.

TITUS

Vous ne sortirez point : je n'y puis consentir.
Quoi ? ce départ n'est donc qu'un cruel stratagème ?
Vous cherchez à mourir ? et de tout ce que j'aime
Il ne restera plus qu'un triste souvenir ?

Qu'on cherche Antiochus : qu'on le fasse venir.

Bérénice se laisse tomber sur un siège.

SCÈNE VI

TITUS, BÉRÉNICE

TITUS

Madame, il faut vous faire un aveu véritable.
Lorsque j'envisageai le moment redoutable
Où, pressé par les lois d'un austère devoir,
Il fallait pour jamais renoncer à vous voir ;
Quand de ce triste adieu je prévis les approches,
Mes craintes, mes combats, vos larmes, vos reproches,
Je préparai mon âme à toutes les douleurs
Que peut faire sentir le plus grand des malheurs.
Mais quoi que je craignisse, il faut que je le die,
Je n'en avais prévu que la moindre partie,
Je croyais ma vertu moins prête à succomber
Et j'ai honte du trouble où je la vois tomber.
J'ai vu devant mes yeux Rome entière assemblée ;
Le sénat m'a parlé ; mais mon âme accablée
Écoutait sans entendre, et ne leur a laissé
Pour prix de leurs transports qu'un silence glacé.
Rome de votre sort est encore incertaine.
Moi-même à tous moments je me souviens à peine
Si je suis empereur ou si je suis Romain.
Je suis venu vers vous sans savoir mon dessein :
Mon amour m'entraînait ; et je venais peut-être
Pour me chercher moi-même, et pour me reconnaître.
Qu'ai-je trouvé ? Je vois la mort peinte en vos yeux ;
Je vois, pour la chercher, que vous quittez ces lieux.
C'en est trop. Ma douleur, à cette triste vue,

A son dernier excès est enfin parvenue.
Je ressens tous les maux que je puis ressentir;
Mais je vois le chemin par où j'en puis sortir.
    Ne vous attendez point que las de tant d'alarmes,
Par un heureux hymen je tarisse vos larmes.
En quelque extrémité que vous m'ayez réduit,
Ma gloire inexorable à toute heure me suit :
Sans cesse elle présente à mon âme étonnée
L'Empire incompatible avec votre hyménée,
Me dit qu'après l'éclat et les pas que j'ai faits,
Je dois vous épouser encor moins que jamais.
    Oui, Madame; et je dois moins encore vous dire
Que je suis prêt pour vous d'abandonner l'Empire,
De vous suivre, et d'aller trop content de mes fers,
Soupirer avec vous au bout de l'univers.
Vous-même rougiriez de ma lâche conduite :
Vous verriez à regret marcher à votre suite
Un indigne empereur, sans empire, sans cour,
Vil spectacle aux humains des faiblesses d'amour.
    Pour sortir des tourments dont mon âme est la proie,
Il est, vous le savez, une plus noble voie.
Je me suis vu, Madame, enseigner ce chemin
Et par plus d'un héros et par plus d'un Romain :
Lorsque trop de malheurs ont lassé leur constance,
Ils ont tous expliqué cette persévérance
Dont le sort s'attachait à les persécuter,
Comme un ordre secret de n'y plus résister.
Si vos pleurs plus longtemps viennent frapper ma vue,
Si toujours à mourir je vous vois résolue,
S'il faut qu'à tous moments je tremble pour vos jours,
Si vous ne me jurez d'en respecter le cours,
Madame, à d'autres pleurs vous devez vous attendre.
En l'état où je suis, je puis tout entreprendre,
Et je ne réponds pas que ma main à vos yeux
N'ensanglante à la fin nos funestes adieux.

BÉRÉNICE

Hélas !

TITUS

Non, il n'est rien dont je ne sois capable.
Vous voilà de mes jours maintenant responsable.
Songez-y bien, Madame. Et si je vous suis cher...

SCÈNE DERNIÈRE

TITUS, BÉRÉNICE, ANTIOCHUS

TITUS

Venez, Prince, venez, je vous ai fait chercher.
Soyez ici témoin de toute ma faiblesse ;
Voyez si c'est aimer avec peu de tendresse :
Jugez-nous.

ANTIOCHUS

Je crois tout : je vous connais tous deux.
Mais connaissez vous-même un prince malheureux.
Vous m'avez honoré, Seigneur, de votre estime ;
Et moi, je puis ici vous le jurer sans crime,
A vos plus chers amis j'ai disputé ce rang :
Je l'ai disputé même aux dépens de mon sang.
Vous m'avez, malgré moi, confié l'un et l'autre,
La Reine son amour, et vous, Seigneur, le vôtre.
La Reine, qui m'entend, peut me désavouer :
Elle m'a vu toujours ardent à vous louer,

Répondre par mes soins à votre confidence.
Vous croyez m'en devoir quelque reconnaissance;
Mais le pourriez-vous croire en ce moment fatal,
Qu'un ami si fidèle était votre rival?

TITUS

Mon rival!

ANTIOCHUS

      Il est temps que je vous éclaircisse.
Oui, Seigneur, j'ai toujours adoré Bérénice.
Pour ne la plus aimer, j'ai cent fois combattu :
Je n'ai pu l'oublier; au moins je me suis tu.
De votre changement la flatteuse apparence
M'avait rendu tantôt quelque faible espérance :
Les larmes de la Reine ont éteint cet espoir.
Ses yeux, baignés de pleurs, demandaient à vous voir.
Je suis venu, Seigneur, vous appeler moi-même;
Vous êtes revenu. Vous aimez, on vous aime;
Vous vous êtes rendu : je n'en ai point douté.
Pour la dernière fois je me suis consulté;
J'ai fait de mon courage une épreuve dernière;
Je viens de rappeler ma raison tout entière :
Jamais je ne me suis senti plus amoureux.
Il faut d'autres efforts pour rompre tant de nœuds :
Ce n'est qu'en expirant que je puis les détruire;
J'y cours. Voilà de quoi j'ai voulu vous instruire.
   Oui, Madame, vers vous j'ai rappelé ses pas.
Mes soins ont réussi, je ne m'en repens pas.
Puisse le ciel verser sur toutes vos années
Mille prospérités l'une à l'autre enchaînées!
Ou s'il vous garde encore un reste de courroux,
Je conjure les Dieux d'épuiser tous les coups
Qui pourraient menacer une si belle vie,

Sur ces jours malheureux que je vous sacrifie.

BÉRÉNICE, *se levant*.

Arrêtez, arrêtez. Princes trop généreux,
En quelle extrémité me jetez-vous tous deux !
Soit que je vous regarde, ou que je l'envisage,
Partout du désespoir je rencontre l'image.
Je ne vois que des pleurs, et je n'entends parler
Que de trouble, d'horreurs, de sang prêt à couler.

A Titus.

Mon cœur vous est connu, Seigneur, et je puis dire
Qu'on ne l'a jamais vu soupirer pour l'Empire.
La grandeur des Romains, la pourpre des Césars
N'a point, vous le savez, attiré mes regards.
J'aimais, Seigneur, j'aimais : je voulais être aimée.
Ce jour, je l'avoûrai, je me suis alarmée :
J'ai cru que votre amour allait finir son cours.
Je connais mon erreur, et vous m'aimez toujours.
Votre cœur s'est troublé, j'ai vu couler vos larmes ;
Bérénice, Seigneur, ne vaut point tant d'alarmes,
Ni que par votre amour l'univers malheureux,
Dans le temps que Titus attire tous ses vœux
Et que de vos vertus il goûte les prémices,
Se voie en un moment enlever ses délices.
Je crois, depuis cinq ans jusqu'à ce dernier jour,
Vous avoir assuré d'un véritable amour.
Ce n'est pas tout : je veux, en ce moment funeste,
Par un dernier effort couronner tout le reste.
Je vivrai, je suivrai vos ordres absolus.
Adieu, Seigneur, régnez : je ne vous verrai plus.

A Antiochus.

Prince, après cet adieu, vous jugez bien vous-même
Que je ne consens pas de quitter ce que j'aime,
Pour aller loin de Rome écouter d'autres vœux.

Vivez, et faites-vous un effort généreux.
Sur Titus et sur moi réglez votre conduite.
Je l'aime, je le fuis ; Titus m'aime, il me quitte.
Portez loin de mes yeux vos soupirs et vos fers.
Adieu : servons tous trois d'exemple à l'univers
De l'amour la plus tendre et la plus malheureuse
Dont il puisse garder l'histoire douloureuse.
    Tout est prêt. On m'attend. Ne suivez point mes pas.

A Titus.

Pour la dernière fois, adieu, Seigneur.

ANTIOCHUS

        Hélas !

PHÈDRE

PERSONNAGES

THÉSÉE, fils d'Égée, roi d'Athènes.
PHÈDRE, femme de Thésée, fille de Minos et de Pasiphaé.
HIPPOLYTE, fils de Thésée et d'Antiope, reine des Amazones.
ARICIE, princesse du sang royal d'Athènes.
ŒNONE, nourrice et confidente de Phèdre.
THÉRAMÈNE, gouverneur d'Hippolyte.
ISMÈNE, confidente d'Aricie.
PANOPE, femme de la suite de Phèdre.
GARDES.

La scène est à Trézène, ville du Péloponnèse.

ACTE PREMIER

SCÈNE PREMIÈRE

HIPPOLYTE, THÉRAMÈNE

HIPPOLYTE

Le dessein en est pris : je pars, cher Théramène,
Et quitte le séjour de l'aimable Trézène.
Dans le doute mortel dont je suis agité,
Je commence à rougir de mon oisiveté.
Depuis plus de six mois éloigné de mon père,
J'ignore le destin d'une tête si chère ;
J'ignore jusqu'aux lieux qui le peuvent cacher.

THÉRAMÈNE

Et dans quels lieux, Seigneur, l'allez-vous donc
                                [chercher ?
Déjà, pour satisfaire à votre juste crainte,
J'ai couru les deux mers que sépare Corinthe ;
J'ai demandé Thésée aux peuples de ces bords
Où l'on voit l'Achéron se perdre chez les morts ;
J'ai visité l'Élide, et laissant le Ténare,
Passé jusqu'à la mer qui vit tomber Icare.
Sur quel espoir nouveau, dans quels heureux climats
Croyez-vous découvrir la trace de ses pas ?
Qui sait même, qui sait si le Roi votre père

Veut que de son absence on sache le mystère ?
Et si, lorsque avec vous nous tremblons pour ses jours,
Tranquille, et nous cachant de nouvelles amours,
Ce héros n'attend point qu'une amante abusée...

HIPPOLYTE

Cher Théramène, arrête, et respecte Thésée.
De ses jeunes erreurs désormais revenu,
Par un indigne obstacle il n'est point retenu ;
Et fixant de ses vœux l'inconstance fatale,
Phèdre depuis longtemps ne craint plus de rivale.
Enfin en le cherchant je suivrai mon devoir,
Et je fuirai ces lieux que je n'ose plus voir.

THÉRAMÈNE

Hé ! depuis quand, Seigneur, craignez-vous la présence
De ces paisibles lieux, si chers à votre enfance,
Et dont je vous ai vu préférer le séjour
Au tumulte pompeux d'Athènes et de la cour ?
Quel péril, ou plutôt quel chagrin vous en chasse ?

HIPPOLYTE

Cet heureux temps n'est plus. Tout a changé de face
Depuis que sur ces bords les Dieux ont envoyé
La fille de Minos et de Pasiphaé.

THÉRAMÈNE

J'entends. De vos douleurs la cause m'est connue.
Phèdre ici vous chagrine, et blesse votre vue.
Dangereuse marâtre, à peine elle vous vit,
Que votre exil d'abord signala son crédit.
Mais sa haine sur vous autrefois attachée,

Ou s'est évanouie, ou s'est bien relâchée.
Et d'ailleurs, quels périls vous peut faire courir
Une femme mourante et qui cherche à mourir ?
Phèdre, atteinte d'un mal qu'elle s'obstine à taire,
Lasse enfin d'elle-même et du jour qui l'éclaire,
Peut-elle contre vous former quelques desseins ?

HIPPOLYTE

Sa vaine inimitié n'est pas ce que je crains.
Hippolyte en partant fuit une autre ennemie :
Je fuis, je l'avoûrai, cette jeune Aricie,
Reste d'un sang fatal conjuré contre nous.

THÉRAMÈNE

Quoi ! vous-même, Seigneur, la persécutez-vous ?
Jamais l'aimable sœur des cruels Pallantides
Trempa-t-elle aux complots de ses frères perfides ?
Et devez-vous haïr ces innocents appas ?

HIPPOLYTE

Si je la haïssais, je ne la fuirais pas.

THÉRAMÈNE

Seigneur, m'est-il permis d'expliquer votre fuite ?
Pourriez-vous n'être plus ce superbe Hippolyte,
Implacable ennemi des amoureuses lois,
Et d'un joug que Thésée a subi tant de fois ?
Vénus, par votre orgueil si longtemps méprisée,
Voudrait-elle à la fin justifier Thésée ?
Et vous mettant au rang du reste des mortels,
Vous a-t-elle forcé d'encenser ses autels ?
Aimeriez-vous, Seigneur ?

HIPPOLYTE

                          Ami, qu'oses-tu dire?
Toi qui connais mon cœur depuis que je respire,
Des sentiments d'un cœur si fier, si dédaigneux,
Peux-tu me demander le désaveu honteux?
C'est peu qu'avec son lait une mère amazone
M'ait fait sucer encor cet orgueil qui t'étonne;
Dans un âge plus mûr moi-même parvenu,
Je me suis applaudi quand je me suis connu.
Attaché près de moi par un zèle sincère,
Tu me contais alors l'histoire de mon père.
Tu sais combien mon âme, attentive à ta voix,
S'échauffait au récit de ses nobles exploits,
Quand tu me dépeignais ce héros intrépide
Consolant les mortels de l'absence d'Alcide,
Les monstres étouffés et les brigands punis,
Procuste, Cercyon, et Scirron, et Sinnis,
Et les os dispersés du géant d'Épidaure,
Et la Crète fumant du sang du Minotaure.
Mais quand tu récitais des faits moins glorieux,
Sa foi partout offerte et reçue en cent lieux,
Hélène à ses parents dans Sparte dérobée,
Salamine témoin des pleurs de Péribée;
Tant d'autres, dont les noms lui sont même échappés,
Trop crédules esprits que sa flamme a trompés;
Ariane aux rochers contant ses injustices,
Phèdre enlevée enfin sous de meilleurs auspices;
Tu sais comme à regret écoutant ce discours,
Je te pressais souvent d'en abréger le cours:
Heureux si j'avais pu ravir à la mémoire
Cette indigne moitié d'une si belle histoire!
Et moi-même, à mon tour, je me verrais lié?
Et les Dieux jusque-là m'auraient humilié?
Dans mes lâches soupirs d'autant plus méprisable,

Qu'un long amas d'honneurs rend Thésée excusable,
Qu'aucuns monstres par moi domptés jusqu'aujourd'hui
Ne m'ont acquis le droit de faillir comme lui.
Quand même ma fierté pourrait s'être adoucie,
Aurais-je pour vainqueur dû choisir Aricie?
Ne souviendrait-il plus à mes sens égarés
De l'obstacle éternel qui nous a séparés?
Mon père la réprouve; et par des lois sévères
Il défend de donner des neveux à ses frères :
D'une tige coupable il craint un rejeton;
Il veut avec leur sœur ensevelir leur nom,
Et que jusqu'au tombeau soumise à sa tutelle,
Jamais les feux d'hymen ne s'allument pour elle.
Dois-je épouser ses droits contre un père irrité?
Donnerai-je l'exemple à la témérité?
Et dans un fol amour ma jeunesse embarquée...

THÉRAMÈNE

Ah! Seigneur si votre heure est une fois marquée,
Le Ciel de nos raisons ne sait point s'informer.
Thésée ouvre vos yeux en voulant les fermer,
Et sa haine, irritant une flamme rebelle,
Prête à son ennemie une grâce nouvelle.
Enfin d'un chaste amour pourquoi vous effrayer?
S'il a quelque douceur, n'osez-vous l'essayer?
En croirez-vous toujours un farouche scrupule?
Craint-on de s'égarer sur les traces d'Hercule?
Quels courages Vénus n'a-t-elle pas domptés!
Vous-même où seriez-vous, vous qui la combattez,
Si toujours Antiope à ses lois opposée,
D'une pudique ardeur n'eût brûlé pour Thésée?
Mais que sert d'affecter un superbe discours?
Avouez-le, tout change; et depuis quelques jours
On vous voit moins souvent, orgueilleux et sauvage,

Tantôt faire voler un char sur le rivage,
Tantôt, savant dans l'art par Neptune inventé,
Rendre docile au frein un coursier indompté.
Les forêts de nos cris moins souvent retentissent.
Chargés d'un feu secret, vos yeux s'appesantissent.
Il n'en faut point douter : vous aimez, vous brûlez;
Vous périssez d'un mal que vous dissimulez.
La charmante Aricie a-t-elle su vous plaire?

HIPPOLYTE

Théramène, je pars, et vais chercher mon père.

THÉRAMÈNE

Ne verrez-vous point Phèdre avant que de partir,
Seigneur?

HIPPOLYTE

      C'est mon dessein : tu peux l'en avertir.
Voyons-la, puisque ainsi mon devoir me l'ordonne.
Mais quel nouveau malheur trouble sa chère Œnone?

SCÈNE II

HIPPOLYTE, ŒNONE, THÉRAMÈNE

ŒNONE

Hélas! Seigneur, quel trouble au mien peut être égal?
La Reine touche presque à son terme fatal.
En vain à l'observer jour et nuit je m'attache :
Elle meurt dans mes bras d'un mal qu'elle me cache.

Un désordre éternel règne dans son esprit.
Son chagrin inquiet l'arrache de son lit.
Elle veut voir le jour; et sa douleur profonde
M'ordonne toutefois d'écarter tout le monde...
Elle vient.

HIPPOLYTE

            Il suffit : je la laisse en ces lieux,
Et ne lui montre point un visage odieux.

SCÈNE III

PHÈDRE, ŒNONE

PHÈDRE

N'allons point plus avant. Demeurons, chère Œnone.
Je ne me soutiens plus, ma force m'abandonne.
Mes yeux sont éblouis du jour que je revoi,
Et mes genoux tremblants se dérobent sous moi.
Hélas!

                                        Elle s'assied.

ŒNONE

      Dieux tout-puissants! que nos pleurs vous
                                        [apaisent.

PHÈDRE

Que ces vains ornements, que ces voiles me pèsent!
Quelle importune main, en formant tous ces nœuds,

A pris soin sur mon front d'assembler mes cheveux ?
Tout m'afflige et me nuit, et conspire à me nuire.

ŒNONE

Comme on voit tous ses vœux l'un l'autre se détruire !
Vous-même, condamnant vos injustes desseins,
Tantôt à vous parer vous excitiez nos mains ;
Vous-même, rappelant votre force première,
Vous vouliez vous montrer et revoir la lumière.
Vous la voyez, Madame, et prête à vous cacher,
Vous haïssez le jour que vous veniez chercher ?

PHÈDRE

Noble et brillant auteur d'une triste famille,
Toi, dont ma mère osait se vanter d'être fille,
Qui peut-être rougis du trouble où tu me vois,
Soleil, je te viens voir pour la dernière fois.

ŒNONE

Quoi ! vous ne perdrez point cette cruelle envie ?
Vous verrai-je toujours, renonçant à la vie,
Faire de votre mort les funestes apprêts ?

PHÈDRE

Dieux ! que ne suis-je assise à l'ombre des forêts !
Quand pourrai-je, au travers d'une noble poussière,
Suivre de l'œil un char fuyant dans la carrière ?

ŒNONE

Quoi, Madame ?

PHÈDRE

Insensée, où suis-je ? et qu'ai-je dit ?

Où laissé-je égarer mes vœux et mon esprit?
Je l'ai perdu : les Dieux m'en ont ravi l'usage.
Œnone, la rougeur me couvre le visage :
Je te laisse trop voir mes honteuses douleurs,
Et mes yeux, malgré moi, se remplissent de pleurs.

ŒNONE

Ah! s'il vous faut rougir, rougissez d'un silence
Qui de vos maux encore aigrit la violence.
Rebelle à tous nos soins, sourde à tous nos discours,
Voulez-vous sans pitié laisser finir vos jours?
Quelle fureur les borne au milieu de leur course?
Quel charme ou quel poison en a tari la source?
Les ombres par trois fois ont obscurci les cieux
Depuis que le sommeil n'est entré dans vos yeux;
Et le jour a trois fois chassé la nuit obscure
Depuis que votre corps languit sans nourriture.
A quel affreux dessein vous laissez-vous tenter?
De quel droit sur vous-même osez-vous attenter?
Vous offensez les Dieux auteurs de votre vie;
Vous trahissez l'époux à qui la foi vous lie;
Vous trahissez enfin vos enfants malheureux,
Que vous précipitez sous un joug rigoureux.
Songez qu'un même jour leur ravira leur mère,
Et rendra l'espérance au fils de l'étrangère,
A ce fier ennemi de vous, de votre sang,
Ce fils qu'une Amazone a porté dans son flanc,
Cet Hippolyte...

PHÈDRE

Ah, Dieux!

ŒNONE

Ce reproche vous touche.

PHÈDRE

Malheureuse, quel nom est sorti de ta bouche?

ŒNONE

Hé bien! votre colère éclate avec raison :
J'aime à vous voir frémir à ce funeste nom.
Vivez donc. Que l'amour, le devoir vous excite.
Vivez, ne souffrez pas que le fils d'une Scythe,
Accablant vos enfants d'un empire odieux,
Commande au plus beau sang de la Grèce et des Dieux.
Mais ne différez point : chaque moment vous tue.
Réparez promptement votre force abattue,
Tandis que de vos jours, prêts à se consumer,
Le flambeau dure encore, et peut se rallumer.

PHÈDRE

J'en ai trop prolongé la coupable durée.

ŒNONE

Quoi? de quelques remords êtes-vous déchirée?
Quel crime a pu produire un trouble si pressant?
Vos mains n'ont point trempé dans le sang innocent?

PHÈDRE

Grâces au ciel, mes mains ne sont point criminelles.
Plût aux Dieux que mon cœur fût innocent comme elles!

ŒNONE

Et quel affreux projet avez-vous enfanté,

Dont votre cœur encor doive être épouvanté?

PHÈDRE

Je t'en ai dit assez. Épargne-moi le reste.
Je meurs, pour ne point faire un aveu si funeste.

ŒNONE

Mourez donc, et gardez un silence inhumain;
Mais pour fermer vos yeux cherchez une autre main.
Quoiqu'il vous reste à peine une faible lumière,
Mon âme chez les morts descendra la première.
Mille chemins ouverts y conduisent toujours,
Et ma juste douleur choisira les plus courts.
Cruelle, quand ma foi vous a-t-elle déçue?
Songez-vous qu'en naissant mes bras vous ont reçue?
Mon pays, mes enfants, pour vous j'ai tout quitté.
Réserviez-vous ce prix à ma fidélité?

PHÈDRE

Quel fruit espères-tu de tant de violence?
Tu frémiras d'horreur si je romps le silence.

ŒNONE

Et que me direz-vous qui ne cède, grands Dieux!
A l'horreur de vous voir expirer à mes yeux?

PHÈDRE

Quand tu sauras mon crime, et le sort qui m'accable,
Je n'en mourrai pas moins, j'en mourrai plus coupable.

ŒNONE

Madame, au nom des pleurs que pour vous j'ai versés,

Par vos faibles genoux que je tiens embrassés,
Délivrez mon esprit de ce funeste doute.

PHÈDRE

Tu le veux. Lève-toi.

ŒNONE

Parlez : je vous écoute.

PHÈDRE

Ciel! que lui vais-je dire? Et par où commencer?

ŒNONE

Par de vaines frayeurs cessez de m'offenser.

PHÈDRE

O haine de Vénus! O fatale colère!
Dans quels égarements l'amour jeta ma mère!

ŒNONE

Oublions-les, Madame. Et qu'à tout l'avenir
Un silence éternel cache ce souvenir.

PHÈDRE

Ariane, ma sœur! de quel amour blessée,
Vous mourûtes aux bords où vous fûtes laissée!

ŒNONE

Que faites-vous, Madame? Et quel mortel ennui

Contre tout votre sang vous anime aujourd'hui ?

PHÈDRE

Puisque Vénus le veut, de ce sang déplorable
Je péris la dernière, et la plus misérable.

ŒNONE

Aimez-vous ?

PHÈDRE

De l'amour j'ai toutes les fureurs.

ŒNONE

Pour qui ?

PHÈDRE

Tu vas ouïr le comble des horreurs.
J'aime... A ce nom fatal, je tremble, je frissonne.
J'aime...

ŒNONE

Qui ?

PHÈDRE

Tu connais ce fils de l'Amazone,
Ce prince si longtemps par moi-même opprimé ?

ŒNONE

Hippolyte ! Grands Dieux !

PHÈDRE

C'est toi qui l'as nommé.

ŒNONE

Juste ciel! tout mon sang dans mes veines se glace.
O désespoir! ô crime! ô déplorable race!
Voyage infortuné! Rivage malheureux,
Fallait-il approcher de tes bords dangereux?

PHÈDRE

Mon mal vient de plus loin. A peine au fils d'Égée
Sous les lois de l'hymen je m'étais engagée,
Mon repos, mon bonheur semblait être affermi,
Athènes me montra mon superbe ennemi.
Je le vis, je rougis, je pâlis à sa vue;
Un trouble s'éleva dans mon âme éperdue;
Mes yeux ne voyaient plus, je ne pouvais parler;
Je sentis tout mon corps et transir et brûler.
Je reconnus Vénus et ses feux redoutables,
D'un sang qu'elle poursuit tourments inévitables.
Par des vœux assidus je crus les détourner :
Je lui bâtis un temple, et pris soin de l'orner;
De victimes moi-même à toute heure entourée,
Je cherchais dans leurs flancs ma raison égarée.
D'un incurable amour remèdes impuissants!
En vain sur les autels ma main brûlait l'encens :
Quand ma bouche implorait le nom de la Déesse,
J'adorais Hippolyte; et le voyant sans cesse,
Même au pied des autels que je faisais fumer,
J'offrais tout à ce Dieu que je n'osais nommer.
Je l'évitais partout. O comble de misère!
Mes yeux le retrouvaient dans les traits de son père.

Contre moi-même enfin j'osai me révolter :
J'excitai mon courage à le persécuter.
Pour bannir l'ennemi dont j'étais idolâtre,
J'affectai les chagrins d'une injuste marâtre ;
Je pressai son exil, et mes cris éternels
L'arrachèrent du sein et des bras paternels.
Je respirais, Œnone ; et depuis son absence,
Mes jours moins agités coulaient dans l'innocence.
Soumise à mon époux, et cachant mes ennuis,
De son fatal hymen je cultivais les fruits.
Vaines précautions ! Cruelle destinée !
Par mon époux lui-même à Trézène amenée,
J'ai revu l'ennemi que j'avais éloigné :
Ma blessure trop vive aussitôt a saigné,
Ce n'est plus une ardeur dans mes veines cachée :
C'est Vénus tout entière à sa proie attachée.
J'ai conçu pour mon crime une juste terreur ;
J'ai pris la vie en haine, et ma flamme en horreur.
Je voulais en mourant prendre soin de ma gloire,
Et dérober au jour une flamme si noire :
Je n'ai pu soutenir tes larmes, tes combats ;
Je t'ai tout avoué ; je ne m'en repens pas,
Pourvu que de ma mort respectant les approches,
Tu ne m'affliges plus par d'injustes reproches,
Et que tes vains secours cessent de rappeler
Un reste de chaleur tout prêt à s'exhaler.

SCÈNE IV

PHÈDRE, ŒNONE, PANOPE

PANOPE

Je voudrais vous cacher une triste nouvelle,
Madame ; mais il faut que je vous la révèle.

La mort vous a ravi votre invincible époux,
Et ce malheur n'est plus ignoré que de vous.

ŒNONE

Panope, que dis-tu ?

PANOPE

Que la Reine abusée
En vain demande au ciel le retour de Thésée,
Et que par des vaisseaux arrivés dans le port
Hippolyte son fils vient d'apprendre sa mort.

PHÈDRE

Ciel !

PANOPE

Pour le choix d'un maître Athènes se partage.
Au Prince votre fils l'un donne son suffrage,
Madame ; et de l'État l'autre oubliant les lois,
Au fils de l'étrangère ose donner sa voix.
On dit même qu'au trône une brigue insolente
Veut placer Aricie et le sang de Pallante.
J'ai cru de ce péril vous devoir avertir.
Déjà même Hippolyte est tout prêt à partir ;
Et l'on craint, s'il paraît dans ce nouvel orage,
Qu'il n'entraîne après lui tout un peuple volage.

ŒNONE

Panope, c'est assez. La Reine, qui t'entend,
Ne négligera point cet avis important.

SCÈNE V

PHÈDRE, ŒNONE

ŒNONE

Madame, je cessais de vous presser de vivre;
Déjà même au tombeau je songeais à vous suivre;
Pour vous en détourner je n'avais plus de voix;
Mais ce nouveau malheur vous prescrit d'autres lois.
Votre fortune change et prend une autre face :
Le Roi n'est plus, Madame, il faut prendre sa place.
Sa mort vous laisse un fils à qui vous vous devez,
Esclave s'il vous perd, et roi si vous vivez.
Sur qui, dans son malheur, voulez-vous qu'il s'appuie?
Ses larmes n'auront plus de main qui les essuie;
Et ses cris innocents, portés jusques aux Dieux,
Iront contre sa mère irriter ses aïeux.
Vivez, vous n'avez plus de reproche à vous faire :
Votre flamme devient une flamme ordinaire.
Thésée en expirant vient de rompre les nœuds
Qui faisaient tout le crime et l'horreur de vos feux.
Hippolyte pour vous devient moins redoutable,
Et vous pouvez le voir sans vous rendre coupable.
Peut-être convaincu de votre aversion,
Il va donner un chef à la sédition.
Détrompez son erreur, fléchissez son courage.
Roi de ces bords heureux, Trézène est son partage;
Mais il sait que les lois donnent à votre fils
Les superbes remparts que Minerve a bâtis.
Vous avez l'un et l'autre une juste ennemie :
Unissez-vous tous deux pour combattre Aricie.

PHÈDRE

Hé bien! à tes conseils je me laisse entraîner.

Vivons, si vers la vie on peut me ramener,
Et si l'amour d'un fils en ce moment funeste
De mes faibles esprits peut ranimer le reste.

ACTE II

SCÈNE PREMIÈRE

ARICIE, ISMÈNE

ARICIE

Hippolyte demande à me voir en ce lieu?
Hippolyte me cherche, et veut me dire adieu?
Ismène, dis-tu vrai? N'es-tu point abusée?

ISMÈNE

C'est le premier effet de la mort de Thésée.
Préparez-vous, Madame, à voir de tous côtés
Voler vers vous les cœurs par Thésée écartés.
Aricie à la fin de son sort est maîtresse,
Et bientôt à ses pieds verra toute la Grèce.

ARICIE

Ce n'est donc point, Ismène, un bruit mal affermi?
Je cesse d'être esclave, et n'ai plus d'ennemi?

ISMÈNE

Non, Madame, les Dieux ne vous sont plus contraires,
Et Thésée a rejoint les mânes de vos frères.

ARICIE

Dit-on quelle aventure a terminé ses jours ?

ISMÈNE

On sème de sa mort d'incroyables discours.
On dit que ravisseur d'une amante nouvelle
Les flots ont englouti cet époux infidèle.
On dit même, et ce bruit est partout répandu,
Qu'avec Pirithoüs aux enfers descendu,
Il a vu le Cocyte et les rivages sombres,
Et s'est montré vivant aux infernales ombres ;
Mais qu'il n'a pu sortir de ce triste séjour,
Et repasser les bords qu'on passe sans retour.

ARICIE

Croirai-je qu'un mortel avant sa dernière heure
Peut pénétrer des morts la profonde demeure ?
Quel charme l'attirait sur ces bords redoutés ?

ISMÈNE

Thésée est mort, Madame, et vous seule en doutez :
Athènes en gémit, Trézène en est instruite,
Et déjà pour son roi reconnaît Hippolyte.
Phèdre, dans ce palais, tremblante pour son fils,
De ses amis troublés demande les avis.

ARICIE

Et tu crois que pour moi plus humain que son père,
Hippolyte rendra ma chaîne plus légère ?
Qu'il plaindra mes malheurs ?

ISMÈNE

Madame, je le croi.

ARICIE

L'insensible Hippolyte est-il connu de toi ?
Sur quel frivole espoir penses-tu qu'il me plaigne,
Et respecte en moi seule un sexe qu'il dédaigne ?
Tu vois depuis quel temps il évite nos pas,
Et cherche tous les lieux où nous ne sommes pas.

ISMÈNE

Je sais de ses froideurs tout ce que l'on récite ;
Mais j'ai vu près de vous ce superbe Hippolyte ;
Et même, en le voyant, le bruit de sa fierté
A redoublé pour lui ma curiosité.
Sa présence à ce bruit n'a point paru répondre :
Dès vos premiers regards je l'ai vu se confondre.
Ses yeux, qui vainement voulaient vous éviter,
Déjà pleins de langueur, ne pouvaient vous quitter.
Le nom d'amant peut-être offense son courage ;
Mais il en a les yeux, s'il n'en a le langage.

ARICIE

Que mon cœur, chère Ismène, écoute avidement
Un discours qui peut-être a peu de fondement !
O toi qui me connais, te semblait-il croyable
Que le triste jouet d'un sort impitoyable,
Un cœur toujours nourri d'amertume et de pleurs,
Dût connaître l'amour et ses folles douleurs ?
Reste du sang d'un roi, noble fils de la terre,
Je suis seule échappée aux fureurs de la guerre.

J'ai perdu, dans la fleur de leur jeune saison,
Six frères, quel espoir d'une illustre maison !
Le fer moissonna tout, et la terre humectée
But à regret le sang des neveux d'Érechthée.
Tu sais, depuis leur mort, quelle sévère loi
Défend à tous les Grecs de soupirer pour moi :
On craint que de la sœur les flammes téméraires
Ne raniment un jour la cendre de ses frères.
Mais tu sais bien aussi de quel œil dédaigneux
Je regardais ce soin d'un vainqueur soupçonneux.
Tu sais que de tout temps à l'amour opposée,
Je rendais souvent grâce à l'injuste Thésée
Dont l'heureuse rigueur secondait mes mépris.
Mes yeux alors, mes yeux n'avaient pas vu son fils.
Non que par les yeux seuls lâchement enchantée,
J'aime en lui sa beauté, sa grâce tant vantée,
Présents dont la nature a voulu l'honorer,
Qu'il méprise lui-même, et qu'il semble ignorer.
J'aime, je prise en lui de plus nobles richesses,
Les vertus de son père, et non point les faiblesses.
J'aime, je l'avoûrai, cet orgueil généreux
Qui jamais n'a fléchi sous le joug amoureux.
Phèdre en vain s'honorait des soupirs de Thésée :
Pour moi, je suis plus fière, et fuis la gloire aisée
D'arracher un hommage à mille autres offert,
Et d'entrer dans un cœur de toutes parts ouvert.
Mais de faire fléchir un courage inflexible,
De porter la douleur dans une âme insensible,
D'enchaîner un captif de ses fers étonné,
Contre un joug qui lui plaît vainement mutiné :
C'est là ce que je veux, c'est là ce qui m'irrite.
Hercule à désarmer coûtait moins qu'Hippolyte,
Et vaincu plus souvent, et plus tôt surmonté,
Préparait moins de gloire aux yeux qui l'ont dompté.
Mais, chère Ismène, hélas ! quelle est mon imprudence !
On ne m'opposera que trop de résistance.

Tu m'entendras peut-être, humble dans mon ennui,
Gémir du même orgueil que j'admire aujourd'hui.
Hippolyte aimerait? Par quel bonheur extrême
Aurais-je pu fléchir...

ISMÈNE

                    Vous l'entendrez lui-même :
Il vient à vous.

SCÈNE II

HIPPOLYTE, ARICIE, ISMÈNE

HIPPOLYTE

            Madame, avant que de partir,
J'ai cru de votre sort vous devoir avertir.
Mon père ne vit plus. Ma juste défiance
Présageait les raisons de sa trop longue absence :
La mort seule, bornant ses travaux éclatants,
Pouvait à l'univers le cacher si longtemps.
Les Dieux livrent enfin à la Parque homicide
L'ami, le compagnon, le successeur d'Alcide.
Je crois que votre haine, épargnant ses vertus,
Écoute sans regret ces noms qui lui sont dus.
Un espoir adoucit ma tristesse mortelle :
Je puis vous affranchir d'une austère tutelle.
Je révoque des lois dont j'ai plaint la rigueur :
Vous pouvez disposer de vous, de votre cœur;
Et dans cette Trézène, aujourd'hui mon partage,
De mon aïeul Pitthée autrefois l'héritage,
Qui m'a sans balancer reconnu pour son roi,
Je vous laisse aussi libre, et plus libre que moi.

ARICIE

Modérez des bontés dont l'excès m'embarrasse.
D'un soin si généreux honorer ma disgrâce,
Seigneur, c'est me ranger, plus que vous ne pensez,
Sous ces austères lois dont vous me dispensez.

HIPPOLYTE

Du choix d'un successeur Athènes incertaine,
Parle de vous, me nomme, et le fils de la Reine.

ARICIE

De moi, Seigneur ?

HIPPOLYTE

                    Je sais, sans vouloir me flatter,
Qu'une superbe loi semble me rejeter.
La Grèce me reproche une mère étrangère.
Mais si pour concurrent je n'avais que mon frère,
Madame, j'ai sur lui de véritables droits
Que je saurais sauver du caprice des lois.
Un frein plus légitime arrête mon audace :
Je vous cède, ou plutôt je vous rends une place,
Un sceptre que jadis vos aïeux ont reçu
De ce fameux mortel que la terre a conçu.
L'adoption le mit entre les mains d'Égée.
Athènes, par mon père accrue et protégée,
Reconnut avec joie un roi si généreux,
Et laissa dans l'oubli vos frères malheureux.
Athènes dans ses murs maintenant vous rappelle.
Assez elle a gémi d'une longue querelle,
Assez dans ses sillons votre sang englouti
A fait fumer le champ dont il était sorti.

Trézène m'obéit. Les campagnes de Crète
Offrent au fils de Phèdre une riche retraite.
L'Attique est votre bien. Je pars, et vais pour vous
Réunir tous les vœux partagés entre nous.

ARICIE

De tout ce que j'entends étonnée et confuse,
Je crains presque, je crains qu'un songe ne m'abuse.
Veillé-je? Puis-je croire un semblable dessein?
Quel Dieu, Seigneur, quel Dieu l'a mis dans votre sein?
Qu'à bon droit votre gloire en tous lieux est semée!
Et que la vérité passe la renommée!
Vous-même en ma faveur vous voulez vous trahir!
N'était-ce pas assez de ne me point haïr?
Et d'avoir si longtemps pu défendre votre âme
De cette inimitié...

HIPPOLYTE

                Moi, vous haïr, Madame?
Avec quelques couleurs qu'on ait peint ma fierté,
Croit-on que dans ses flancs un monstre m'ait porté?
Quelles sauvages mœurs, quelle haine endurcie
Pourrait, en vous voyant, n'être point adoucie?
Ai-je pu résister au charme décevant...

ARICIE

Quoi? Seigneur.

HIPPOLYTE

                Je me suis engagé trop avant.
Je vois que la raison cède à la violence.

Puisque j'ai commencé de rompre le silence,
Madame, il faut poursuivre : il faut vous informer
D'un secret que mon cœur ne peut plus renfermer.
    Vous voyez devant vous un prince déplorable,
D'un téméraire orgueil exemple mémorable.
Moi, qui contre l'amour fièrement révolté,
Aux fers de ses captifs ai longtemps insulté ;
Qui des faibles mortels déplorant les naufrages,
Pensais toujours du bord contempler les orages ;
Asservi maintenant sous la commune loi,
Par quel trouble me vois-je emporté loin de moi ?
Un moment a vaincu mon audace imprudente :
Cette âme si superbe est enfin dépendante.
Depuis près de six mois, honteux, désespéré,
Portant partout le trait dont je suis déchiré,
Contre vous, contre moi, vainement je m'éprouve :
Présente, je vous fuis ; absente, je vous trouve ;
Dans le fond des forêts votre image me suit ;
La lumière du jour, les ombres de la nuit,
Tout retrace à mes yeux les charmes que j'évite ;
Tout vous livre à l'envi le rebelle Hippolyte.
Moi-même, pour tout fruit de mes soins superflus,
Maintenant je me cherche, et ne me trouve plus.
Mon arc, mes javelots, mon char, tout m'importune ;
Je ne me souviens plus des leçons de Neptune ;
Mes seuls gémissements font retentir les bois,
Et mes coursiers oisifs ont oublié ma voix.
    Peut-être le récit d'un amour si sauvage
Vous fait en m'écoutant rougir de votre ouvrage.
D'un cœur qui s'offre à vous quel farouche entretien !
Quel étrange captif pour un si beau lien !
Mais l'offrande à vos yeux en doit être plus chère.
Songez que je vous parle une langue étrangère,
Et ne rejetez pas des vœux mal exprimés,
Qu'Hippolyte sans vous n'aurait jamais formés.

SCÈNE III

HIPPOLYTE, ARICIE, THÉRAMÈNE, ISMÈNE

THÉRAMÈNE

Seigneur, la Reine vient, et je l'ai devancée.
Elle vous cherche.

HIPPOLYTE

Moi?

THÉRAMÈNE

J'ignore sa pensée,
Mais on vous est venu demander de sa part.
Phèdre veut vous parler avant votre départ.

HIPPOLYTE

Phèdre? Que lui dirai-je? Et que peut-elle attendre...

ARICIE

Seigneur, vous ne pouvez refuser de l'entendre.
Quoique trop convaincu de son inimitié,
Vous devez à ses pleurs quelque ombre de pitié.

HIPPOLYTE

Cependant vous sortez. Et je pars. Et j'ignore
Si je n'offense point les charmes que j'adore.
J'ignore si ce cœur que je laisse en vos mains...

ARICIE

Partez, Prince, et suivez vos généreux desseins.
Rendez de mon pouvoir Athènes tributaire.
J'accepte tous les dons que vous me voulez faire.
Mais cet Empire enfin si grand, si glorieux,
N'est pas de vos présents le plus cher à mes yeux.

SCÈNE IV

HIPPOLYTE, THÉRAMÈNE

HIPPOLYTE

Ami, tout est-il prêt ? Mais la Reine s'avance.
Va, que pour le départ tout s'arme en diligence.
Fais donner le signal, cours, ordonne et revien
Me délivrer bientôt d'un fâcheux entretien.

SCÈNE V

PHÈDRE, HIPPOLYTE, ŒNONE

PHÈDRE, *à Œnone.*

Le voici. Vers mon cœur tout mon sang se retire.
J'oublie, en le voyant, ce que je viens lui dire.

ŒNONE

Souvenez-vous d'un fils qui n'espère qu'en vous.

PHÈDRE

On dit qu'un prompt départ vous éloigne de nous,

Seigneur. A vos douleurs je viens joindre mes larmes.
Je vous viens pour un fils expliquer mes alarmes.
Mon fils n'a plus de père, et le jour n'est pas loin
Qui de ma mort encor doit le rendre témoin.
Déjà mille ennemis attaquent son enfance ;
Vous seul pouvez contre eux embrasser sa défense.
Mais un secret remords agite mes esprits.
Je crains d'avoir fermé votre oreille à ses cris.
Je tremble que sur lui votre juste colère
Ne poursuive bientôt une odieuse mère.

HIPPOLYTE

Madame, je n'ai point des sentiments si bas.

PHÈDRE

Quand vous me haïriez, je ne m'en plaindrais pas,
Seigneur. Vous m'avez vue attachée à vous nuire ;
Dans le fond de mon cœur vous ne pouviez pas lire.
A votre inimitié j'ai pris soin de m'offrir.
Aux bords que j'habitais je n'ai pu vous souffrir.
En public, en secret, contre vous déclarée,
J'ai voulu par des mers en être séparée ;
J'ai même défendu par une expresse loi
Qu'on osât prononcer votre nom devant moi.
Si pourtant à l'offense on mesure la peine,
Si la haine peut seule attirer votre haine,
Jamais femme ne fut plus digne de pitié,
Et moins digne, Seigneur, de votre inimitié.

HIPPOLYTE

Des droits de ses enfants une mère jalouse
Pardonne rarement au fils d'une autre épouse.
Madame, je le sais. Les soupçons importuns

Sont d'un second hymen les fruits les plus communs.
Toute autre aurait pour moi pris les mêmes ombrages,
Et j'en aurais peut-être essuyé plus d'outrages.

PHÈDRE

Ah! Seigneur, que le Ciel, j'ose ici l'attester,
De cette loi commune a voulu m'excepter!
Qu'un soin bien différent me trouble et me dévore!

HIPPOLYTE

Madame, il n'est pas temps de vous troubler encore.
Peut-être votre époux voit encore le jour;
Le ciel peut à nos pleurs accorder son retour.
Neptune le protège, et ce Dieu tutélaire
Ne sera pas en vain imploré par mon père.

PHÈDRE

On ne voit point deux fois le rivage des morts,
Seigneur. Puisque Thésée a vu les sombres bords,
En vain vous espérez qu'un Dieu vous le renvoie,
Et l'avare Achéron ne lâche point sa proie.
Que dis-je? Il n'est point mort, puisqu'il respire en vous.
Toujours devant mes yeux je crois voir mon époux.
Je le vois, je lui parle, et mon cœur... Je m'égare,
Seigneur; ma folle ardeur malgré moi se déclare.

HIPPOLYTE

Je vois de votre amour l'effet prodigieux.
Tout mort qu'il est, Thésée est présent à vos yeux;
Toujours de son amour votre âme est embrasée.

PHÈDRE

Oui, Prince, je languis, je brûle pour Thésée.

Je l'aime, non point tel que l'ont vu les enfers,
Volage adorateur de mille objets divers,
Qui va du Dieu des morts déshonorer la couche ;
Mais fidèle, mais fier, et même un peu farouche,
Charmant, jeune, traînant tous les cœurs après soi,
Tel qu'on dépeint nos Dieux, ou tel que je vous voi.
Il avait votre port, vos yeux, votre langage,
Cette noble pudeur colorait son visage,
Lorsque de notre Crète il traversa les flots,
Digne sujet des vœux des filles de Minos.
Que faisiez-vous alors ? Pourquoi sans Hippolyte
Des héros de la Grèce assembla-t-il l'élite ?
Pourquoi, trop jeune encor, ne pûtes-vous alors
Entrer dans le vaisseau qui le mit sur nos bords ?
Par vous aurait péri le monstre de la Crète,
Malgré tous les détours de sa vaste retraite.
Pour en développer l'embarras incertain,
Ma sœur du fil fatal eût armé votre main.
Mais non, dans ce dessein je l'aurais devancée :
L'amour m'en eût d'abord inspiré la pensée.
C'est moi, Prince, c'est moi dont l'utile secours
Vous eût du Labyrinthe enseigné les détours.
Que de soins m'eût coûtés cette tête charmante !
Un fil n'eût point assez rassuré votre amante.
Compagne du péril qu'il vous fallait chercher,
Moi-même devant vous j'aurais voulu marcher ;
Et Phèdre au Labyrinthe avec vous descendue
Se serait avec vous retrouvée, ou perdue.

HIPPOLYTE

Dieux ! qu'est-ce que j'entends ? Madame, oubliez-vous
Que Thésée est mon père et qu'il est votre époux ?

PHÈDRE

Et sur quoi jugez-vous que j'en perds la mémoire,

Prince? Aurais-je perdu tout le soin de ma gloire?

HIPPOLYTE

Madame, pardonnez. J'avoue, en rougissant,
Que j'accusais à tort un discours innocent.
Ma honte ne peut plus soutenir votre vue;
Et je vais...

PHÈDRE

      Ah! cruel, tu m'as trop entendue.
Je t'en ai dit assez pour te tirer d'erreur.
Hé bien! connais donc Phèdre et toute sa fureur.
J'aime. Ne pense pas qu'au moment que je t'aime,
Innocente à mes yeux je m'approuve moi-même,
Ni que du fol amour qui trouble ma raison
Ma lâche complaisance ait nourri le poison.
Objet infortuné des vengeances célestes,
Je m'abhorre encor plus que tu ne me détestes.
Les Dieux m'en sont témoins, ces Dieux qui dans mon
                                [flanc
Ont allumé le feu fatal à tout mon sang,
Ces Dieux qui se sont fait une gloire cruelle
De séduire le cœur d'une faible mortelle.
Toi-même en ton esprit rappelle le passé.
C'est peu de t'avoir fui, cruel, je t'ai chassé.
J'ai voulu te paraître odieuse, inhumaine.
Pour mieux te résister, j'ai recherché ta haine.
De quoi m'ont profité mes inutiles soins?
Tu me haïssais plus, je ne t'aimais pas moins.
Tes malheurs te prêtaient encor de nouveaux charmes.
J'ai langui, j'ai séché, dans les feux, dans les larmes.
Il suffit de tes yeux pour t'en persuader,
Si tes yeux un moment pouvaient me regarder.
Que dis-je? Cet aveu que je viens de te faire,

Cet aveu si honteux, le crois-tu volontaire?
Tremblante pour un fils que je n'osais trahir,
Je te venais prier de ne le point haïr.
Faibles projets d'un cœur trop plein de ce qu'il aime!
Hélas! je ne t'ai pu parler que de toi-même.
Venge-toi, punis-moi d'un odieux amour.
Digne fils du héros qui t'a donné le jour,
Délivre l'univers d'un monstre qui t'irrite.
La veuve de Thésée ose aimer Hippolyte!
Crois-moi, ce monstre affreux ne doit point t'échapper.
Voilà mon cœur. C'est là que ta main doit frapper.
Impatient déjà d'expier son offense,
Au-devant de ton bras je le sens qui s'avance.
Frappe. Ou si tu le crois indigne de tes coups,
Si ta haine m'envie un supplice si doux,
Ou si d'un sang trop vil ta main serait trempée,
Au défaut de ton bras prête-moi ton épée.
Donne.

ŒNONE

Que faites-vous, Madame? Justes Dieux!
Mais on vient. Évitez des témoins odieux;
Venez, rentrez, fuyez une honte certaine.

SCÈNE VI

HIPPOLYTE, THÉRAMÈNE

THÉRAMÈNE

Est-ce Phèdre qui fuit, ou plutôt qu'on entraîne?
Pourquoi, Seigneur, pourquoi ces marques de douleur?
Je vous vois sans épée, interdit, sans couleur?

HIPPOLYTE

Théramène, fuyons. Ma surprise est extrême.
Je ne puis sans horreur me regarder moi-même.
Phèdre... Mais non, grands Dieux! qu'en un profond
                                                    [oubli
Cet horrible secret demeure enseveli.

THÉRAMÈNE

Si vous voulez partir, la voile est préparée.
Mais Athènes, Seigneur, s'est déjà déclarée.
Ses chefs ont pris les voix de toutes ses tribus.
Votre frère l'emporte, et Phèdre a le dessus.

HIPPOLYTE

Phèdre?

THÉRAMÈNE

        Un héraut chargé des volontés d'Athènes
De l'État en ses mains vient remettre les rênes.
Son fils est roi, Seigneur.

HIPPOLYTE

                    Dieux, qui la connaissez,
Est-ce donc sa vertu que vous récompensez?

THÉRAMÈNE

Cependant un bruit sourd veut que le Roi respire.
On prétend que Thésée a paru dans l'Épire.
Mais moi qui l'y cherchai, Seigneur, je sais trop bien...

HIPPOLYTE

N'importe, écoutons tout, et ne négligeons rien.
Examinons ce bruit, remontons à sa source.
S'il ne mérite pas d'interrompre ma course,
Partons ; et quelque prix qu'il en puisse coûter,
Mettons le sceptre aux mains dignes de le porter.

ACTE III

SCÈNE PREMIÈRE

PHÈDRE, ŒNONE

PHÈDRE

Ah ! que l'on porte ailleurs les honneurs qu'on m'envoie.
Importune, peux-tu souhaiter qu'on me voie ?
De quoi viens-tu flatter mon esprit désolé ?
Cache-moi bien plutôt, je n'ai que trop parlé.
Mes fureurs au-dehors ont osé se répandre.
J'ai dit ce que jamais on ne devait entendre.
Ciel ! comme il m'écoutait ! Par combien de détours
L'insensible a longtemps éludé mes discours !
Comme il ne respirait qu'une retraite prompte !
Et combien sa rougeur a redoublé ma honte !
Pourquoi détournais-tu mon funeste dessein ?
Hélas ! quand son épée allait chercher mon sein,
A-t-il pâli pour moi ? me l'a-t-il arrachée ?

Il suffit que ma main l'ait une fois touchée,
Je l'ai rendue horrible à ses yeux inhumains;
Et ce fer malheureux profanerait ses mains.

ŒNONE

Ainsi dans vos malheurs ne songeant qu'à vous plaindre,
Vous nourrissez un feu qu'il vous faudrait éteindre.
Ne vaudrait-il pas mieux, digne sang de Minos,
Dans de plus nobles soins chercher votre repos,
Contre un ingrat qui plaît recourir à la fuite,
Régner, et de l'État embrasser la conduite?

PHÈDRE

Moi régner! Moi ranger un État sous ma loi,
Quand ma faible raison ne règne plus sur moi!
Lorsque j'ai de mes sens abandonné l'empire!
Quand sous un joug honteux à peine je respire!
Quand je me meurs!

ŒNONE

Fuyez.

PHÈDRE

Je ne le puis quitter.

ŒNONE

Vous l'osâtes bannir, vous n'osez l'éviter.

PHÈDRE

Il n'est plus temps. Il sait mes ardeurs insensées.

De l'austère pudeur les bornes sont passées.
J'ai déclaré ma honte aux yeux de mon vainqueur,
Et l'espoir, malgré moi, s'est glissé dans mon cœur.
Toi-même rappelant ma force défaillante,
Et mon âme déjà sur mes lèvres errante,
Par tes conseils flatteurs tu m'as su ranimer.
Tu m'as fait entrevoir que je pouvais l'aimer.

ŒNONE

Hélas! de vos malheurs innocente ou coupable,
De quoi pour vous sauver n'étais-je point capable?
Mais si jamais l'offense irrita vos esprits,
Pouvez-vous d'un superbe oublier les mépris?
Avec quels yeux cruels sa rigueur obstinée
Vous laissait à ses pieds peu s'en faut prosternée!
Que son farouche orgueil le rendait odieux!
Que Phèdre en ce moment n'avait-elle mes yeux!

PHÈDRE

Œnone, il peut quitter cet orgueil qui te blesse.
Nourri dans les forêts, il en a la rudesse.
Hippolyte, endurci par de sauvages lois,
Entend parler d'amour pour la première fois.
Peut-être sa surprise a cause son silence,
Et nos plaintes peut-être ont trop de violence.

ŒNONE

Songez qu'une barbare en son sein l'a formé.

PHÈDRE

Quoique Scythe et barbare, elle a pourtant aimé.

ŒNONE

Il a pour tout le sexe une haine fatale.

PHÈDRE

Je ne me verrai point préférer de rivale.
Enfin tous tes conseils ne sont plus de saison.
Sers ma fureur, Œnone, et non point ma raison.
Il oppose à l'amour un cœur inaccessible :
Cherchons pour l'attaquer quelque endroit plus sensible.
Les charmes d'un Empire ont paru le toucher ;
Athènes l'attirait, il n'a pu s'en cacher ;
Déjà de ses vaisseaux la pointe était tournée,
Et la voile flottait aux vents abandonnée.
Va trouver de ma part ce jeune ambitieux,
Œnone. Fais briller la couronne à ses yeux.
Qu'il mette sur son front le sacré diadème ;
Je ne veux que l'honneur de l'attacher moi-même.
Cédons-lui ce pouvoir que je ne puis garder.
Il instruira mon fils dans l'art de commander.
Peut-être il voudra bien lui tenir lieu de père.
Je mets sous son pouvoir et le fils et la mère.
Pour le fléchir enfin tente tous les moyens :
Tes discours trouveront plus d'accès que les miens.
Presse, pleure, gémis, peins-lui Phèdre mourante,
Ne rougis point de prendre une voix suppliante.
Je t'avoûrai de tout ; je n'espère qu'en toi.
Va : j'attends ton retour pour disposer de moi.

SCÈNE II

PHÈDRE, *seule*.

O toi, qui vois la honte où je suis descendue,
Implacable Vénus, suis-je assez confondue ?
Tu ne saurais plus loin pousser ta cruauté.

Ton triomphe est parfait; tous tes traits ont porté.
Cruelle, si tu veux une gloire nouvelle,
Attaque un ennemi qui te soit plus rebelle.
Hippolyte te fuit, et bravant ton courroux,
Jamais à tes autels n'a fléchi les genoux.
Ton nom semble offenser ses superbes oreilles.
Déesse, venge-toi : nos causes sont pareilles.
Qu'il aime. Mais déjà tu reviens sur tes pas,
Œnone? On me déteste, on ne t'écoute pas.

SCÈNE III

PHÈDRE, ŒNONE

ŒNONE

Il faut d'un vain amour étouffer la pensée,
Madame. Rappelez votre vertu passée.
Le Roi, qu'on a cru mort, va paraître à vos yeux;
Thésée est arrivé, Thésée est en ces lieux.
Le peuple, pour le voir, court et se précipite.
Je sortais par votre ordre, et cherchais Hippolyte,
Lorsque jusques au ciel mille cris élancés...

PHÈDRE

Mon époux est vivant, Œnone, c'est assez.
J'ai fait l'indigne aveu d'un amour qui l'outrage.
Il vit. Je ne veux pas en savoir davantage.

ŒNONE

Quoi?

PHÈDRE

Je te l'ai prédit, mais tu n'as pas voulu.

Sur mes justes remords tes pleurs ont prévalu.
Je mourais ce matin digne d'être pleurée ;
J'ai suivi tes conseils, je meurs déshonorée.

ŒNONE

Vous mourez ?

PHÈDRE

          Juste ciel ! qu'ai-je fait aujourd'hui ?
Mon époux va paraître, et son fils avec lui.
Je verrai le témoin de ma flamme adultère
Observer de quel front j'ose aborder son père,
Le cœur gros de soupirs qu'il n'a point écoutés,
L'œil humide de pleurs par l'ingrat rebutés.
Penses-tu que sensible à l'honneur de Thésée,
Il lui cache l'ardeur dont je suis embrasée ?
Laissera-t-il trahir et son père et son roi ?
Pourra-t-il contenir l'horreur qu'il a pour moi ?
Il se tairait en vain. Je sais mes perfidies,
Œnone, et ne suis point de ces femmes hardies
Qui goûtant dans le crime une tranquille paix,
Ont su se faire un front qui ne rougit jamais.
Je connais mes fureurs, je les rappelle toutes.
Il me semble déjà que ces murs, que ces voûtes
Vont prendre la parole, et prêts à m'accuser,
Attendent mon époux pour le désabuser.
Mourons. De tant d'horreurs qu'un trépas me délivre.
Est-ce un malheur si grand que de cesser de vivre ?
La mort aux malheureux ne cause point d'effroi.
Je ne crains que le nom que je laisse après moi.
Pour mes tristes enfants quel affreux héritage !
Le sang de Jupiter doit enfler leur courage ;
Mais quelque juste orgueil qu'inspire un sang si beau,
Le crime d'une mère est un pesant fardeau.

Je tremble qu'un discours, hélas! trop véritable,
Un jour ne leur reproche une mère coupable.
Je tremble qu'opprimés de ce poids odieux
L'un ni l'autre jamais n'ose lever les yeux.

ŒNONE

Il n'en faut point douter, je les plains l'un et l'autre;
Jamais crainte ne fut plus juste que la vôtre.
Mais à de tels affronts pourquoi les exposer?
Pourquoi contre vous-même allez-vous déposer?
C'en est fait : on dira que Phèdre, trop coupable,
De son époux trahi fuit l'aspect redoutable.
Hippolyte est heureux qu'aux dépens de vos jours
Vous-même en expirant appuycz ses discours.
A votre accusateur que pourrai-je répondre?
Je serai devant lui trop facile à confondre.
De son triomphe affreux je le verrai jouir,
Et conter votre honte à qui voudra l'ouïr.
Ah! que plutôt du ciel la flamme me dévore!
Mais ne me trompez point, vous est-il cher encore?
De quel œil voyez-vous ce prince audacieux?

PHÈDRE

Je le vois comme un monstre effroyable à mes yeux.

ŒNONE

Pourquoi donc lui céder une victoire entière?
Vous le craignez. Osez l'accuser la première
Du crime dont il peut vous charger aujourd'hui.
Qui vous démentira? Tout parle contre lui :
Son épée en vos mains heureusement laissée,
Votre trouble présent, votre douleur passée,
Son père par vos cris dès longtemps prévenu,
Et déjà son exil par vous-même obtenu.

PHÈDRE

Moi, que j'ose opprimer et noircir l'innocence !

ŒNONE

Mon zèle n'a besoin que de votre silence.
Tremblante comme vous, j'en sens quelques remords.
Vous me verriez plus prompte affronter mille morts.
Mais puisque je vous perds sans ce triste remède,
Votre vie est pour moi d'un prix à qui tout cède.
Je parlerai. Thésée, aigri par mes avis,
Bornera sa vengeance à l'exil de son fils.
Un père en punissant, Madame, est toujours père :
Un supplice léger suffit à sa colère.
Mais le sang innocent dût-il être versé,
Que ne demande point votre honneur menacé ?
C'est un trésor trop cher pour oser le commettre.
Quelque loi qu'il vous dicte, il faut vous y soumettre,
Madame ; et pour sauver votre honneur combattu,
Il faut immoler tout, et même la vertu.
On vient ; je vois Thésée.

PHÈDRE

                    Ah ! je vois Hippolyte ;
Dans ses yeux insolents, je vois ma perte écrite.
Fais ce que tu voudras, je m'abandonne à toi.
Dans le trouble où je suis, je ne puis rien pour moi.

SCÈNE IV

THÉSÉE, HIPPOLYTE, PHÈDRE,
ŒNONE, THÉRAMÈNE

THÉSÉE

La fortune à mes vœux cesse d'être opposée,

Madame, et dans vos bras met...

PHÈDRE

Arrêtez, Thésée,
Et ne profanez point des transports si charmants.
Je ne mérite plus ces doux empressements.
Vous êtes offensé. La fortune jalouse
N'a pas en votre absence épargné votre épouse.
Indigne de vous plaire et de vous approcher,
Je ne dois désormais songer qu'à me cacher.

SCÈNE V

THÉSÉE, HIPPOLYTE, THÉRAMÈNE

THÉSÉE

Quel est l'étrange accueil qu'on fait à votre père,
Mon fils?

HIPPOLYTE

Phèdre peut seule expliquer ce mystère.
Mais si mes vœux ardents vous peuvent émouvoir,
Permettez-moi, Seigneur, de ne la plus revoir;
Souffrez que pour jamais le tremblant Hippolyte
Disparaisse des lieux que votre épouse habite.

THÉSÉE

Vous, mon fils, me quitter?

HIPPOLYTE

Je ne la cherchais pas :

C'est vous qui sur ces bords conduisîtes ses pas.
Vous daignâtes, Seigneur, aux rives de Trézène
Confier en partant Aricie et la Reine :
Je fus même chargé du soin de les garder.
Mais quels soins désormais peuvent me retarder ?
Assez dans les forêts mon oisive jeunesse
Sur de vils ennemis a montré son adresse.
Ne pourrai-je, en fuyant un indigne repos,
D'un sang plus glorieux teindre mes javelots ?
Vous n'aviez pas encore atteint l'âge où je touche,
Déjà plus d'un tyran, plus d'un monstre farouche
Avait de votre bras senti la pesanteur ;
Déjà, de l'insolence heureux persécuteur,
Vous aviez des deux mers assuré les rivages.
Le libre voyageur ne craignait plus d'outrages ;
Hercule, respirant sur le bruit de vos coups,
Déjà de son travail se reposait sur vous.
Et moi, fils inconnu d'un si glorieux père,
Je suis même encor loin des traces de ma mère.
Souffrez que mon courage ose enfin s'occuper.
Souffrez, si quelque monstre a pu vous échapper,
Que j'apporte à vos pieds sa dépouille honorable ;
Ou que d'un beau trépas la mémoire durable,
Éternisant des jours si noblement finis,
Prouve à tout l'univers que j'étais votre fils.

THÉSÉE

Que vois-je ? Quelle horreur dans ces lieux répandue
Fait fuir devant mes yeux ma famille éperdue ?
Si je reviens si craint et si peu désiré,
O ciel ! de ma prison pourquoi m'as-tu tiré ?
Je n'avais qu'un ami. Son imprudente flamme
Du tyran de l'Épire allait ravir la femme ;
Je servais à regret ses desseins amoureux ;
Mais le sort irrité nous aveuglait tous deux.

Le tyran m'a surpris sans défense et sans armes.
J'ai vu Pirithoüs, triste objet de mes larmes,
Livré par ce barbare à des monstres cruels
Qu'il nourrissait du sang des malheureux mortels.
Moi-même, il m'enferma dans des cavernes sombres,
Lieux profonds, et voisins de l'empire des ombres.
Les Dieux, après six mois, enfin m'ont regardé :
J'ai su tromper les yeux de qui j'étais gardé.
D'un perfide ennemi j'ai purgé la nature;
A ses monstres lui-même a servi de pâture;
Et lorsque avec transport je pense m'approcher
De tout ce que les Dieux m'ont laissé de plus cher;
Que dis-je? Quand mon âme, à soi-même rendue,
Vient se rassasier d'une si chère vue,
Je n'ai pour tout accueil que des frémissements :
Tout fuit, tout se refuse à mes embrassements.
Et moi-même, éprouvant la terreur que j'inspire,
Je voudrais être encor dans les prisons d'Épire.
Parlez. Phèdre se plaint que je suis outragé.
Qui m'a trahi? Pourquoi ne suis-je pas vengé?
La Grèce, à qui mon bras fut tant de fois utile,
A-t-elle au criminel accordé quelque asile?
Vous ne répondez point. Mon fils, mon propre fils
Est-il d'intelligence avec mes ennemis?
Entrons. C'est trop garder un doute qui m'accable.
Connaissons à la fois le crime et le coupable.
Que Phèdre explique enfin le trouble où je la voi.

SCÈNE VI

HIPPOLYTE, THÉRAMÈNE

HIPPOLYTE

Où tendait ce discours qui m'a glacé d'effroi?

Phèdre, toujours en proie à sa fureur extrême,
Veut-elle s'accuser et se perdre elle-même !
Dieux ! que dira le Roi ! Quel funeste poison
L'amour a répandu sur toute sa maison !
Moi-même, plein d'un feu que sa haine réprouve,
Quel il m'a vu jadis, et quel il me retrouve !
De noirs pressentiments viennent m'épouvanter.
Mais l'innocence enfin n'a rien à redouter.
Allons, cherchons ailleurs par quelle heureuse adresse
Je pourrai de mon père émouvoir la tendresse,
Et lui dire un amour qu'il peut vouloir troubler,
Mais que tout son pouvoir ne saurait ébranler.

ACTE IV

SCÈNE PREMIÈRE

THÉSÉE, ŒNONE

THÉSÉE

Ah ! qu'est-ce que j'entends ? Un traître, un téméraire
Préparait cet outrage à l'honneur de son père ?
Avec quelle rigueur, Destin, tu me poursuis !
Je ne sais où je vais, je ne sais où je suis.
O tendresse ! ô bonté trop mal récompensée !
Projet audacieux ! détestable pensée !
Pour parvenir au but de ses noires amours,
L'insolent de la force empruntait le secours.
J'ai reconnu le fer, instrument de sa rage,
Ce fer dont je l'armai pour un plus noble usage.

Tous les liens du sang n'ont pu le retenir !
Et Phèdre différait à le faire punir !
Le silence de Phèdre épargnait le coupable !

ŒNONE

Phèdre épargnait plutôt un père déplorable.
Honteuse du dessein d'un amant furieux
Et du feu criminel qu'il a pris dans ses yeux,
Phèdre mourait, Seigneur, et sa main meurtrière
Éteignait de ses yeux l'innocente lumière.
J'ai vu lever le bras, j'ai couru la sauver.
Moi seule à votre amour j'ai su la conserver ;
Et plaignant à la fois son trouble et vos alarmes,
J'ai servi malgré moi d'interprète à ses larmes.

THÉSÉE

Le perfide ! Il n'a pu s'empêcher de pâlir.
De crainte, en m'abordant, je l'ai vu tressaillir.
Je me suis étonné de son peu d'allégresse ;
Ses froids embrassements ont glacé ma tendresse.
Mais ce coupable amour dont il est dévoré
Dans Athènes déjà s'était-il déclaré ?

ŒNONE

Seigneur, souvenez-vous des plaintes de la Reine.
Un amour criminel causa toute sa haine.

THÉSÉE

Et ce feu dans Trézène a donc recommencé ?

ŒNONE

Je vous ai dit, Seigneur, tout ce qui s'est passé.

C'est trop laisser la Reine à sa douleur mortelle;
Souffrez que je vous quitte et me range auprès d'elle.

SCÈNE II

THÉSÉE, HIPPOLYTE

THÉSÉE

Ah! le voici. Grands Dieux! à ce noble maintien
Quel œil ne serait pas trompé comme le mien?
Faut-il que sur le front d'un profane adultère
Brille de la vertu le sacré caractère?
Et ne devrait-on pas à des signes certains
Reconnaître le cœur des perfides humains?

HIPPOLYTE

Puis-je vous demander quel funeste nuage,
Seigneur, a pu troubler votre auguste visage?
N'osez-vous confier ce secret à ma foi?

THÉSÉE

Perfide, oses-tu bien te montrer devant moi?
Monstre, qu'a trop longtemps épargné le tonnerre,
Reste impur des brigands dont j'ai purgé la terre.
Après que le transport d'un amour plein d'horreur
Jusqu'au lit de ton père a porté sa fureur,
Tu m'oses présenter une tête ennemie,
Tu parais dans des lieux pleins de ton infamie,
Et ne vas pas chercher, sous un ciel inconnu,
Des pays où mon nom ne soit point parvenu.
Fuis, traître. Ne viens point braver ici ma haine,

Et tenter un courroux que je retiens à peine.
C'est bien assez pour moi de l'opprobre éternel
D'avoir pu mettre au jour un fils si criminel,
Sans que ta mort encor, honteuse à ma mémoire,
De mes nobles travaux vienne souiller la gloire.
Fuis; et si tu ne veux qu'un châtiment soudain
T'ajoute aux scélérats qu'a punis cette main,
Prends garde que jamais l'astre qui nous éclaire
Ne te voie en ces lieux mettre un pied téméraire.
Fuis, dis-je; et sans retour précipitant tes pas,
De ton horrible aspect purge tous mes États.
   Et toi, Neptune, et toi, si jadis mon courage
D'infâmes assassins nettoya ton rivage,
Souviens-toi que pour prix de mes efforts heureux,
Tu promis d'exaucer le premier de mes vœux.
Dans les longues rigueurs d'une prison cruelle
Je n'ai point imploré ta puissance immortelle.
Avare du secours que j'attends de tes soins,
Mes vœux t'ont réservé pour de plus grands besoins :
Je t'implore aujourd'hui. Venge un malheureux père.
J'abandonne ce traître à toute ta colère;
Étouffe dans son sang ses désirs effrontés :
Thésée à tes fureurs connaîtra tes bontés.

HIPPOLYTE

D'un amour criminel Phèdre accuse Hippolyte!
Un tel excès d'horreur rend mon âme interdite;
Tant de coups imprévus m'accablent à la fois,
Qu'ils m'ôtent la parole et m'étouffent la voix.

THÉSÉE

Traître, tu prétendais qu'en un lâche silence
Phèdre ensevelirait ta brutale insolence.

Il fallait, en fuyant, ne pas abandonner
Le fer qui dans ses mains aide à te condamner;
Ou plutôt il fallait, comblant ta perfidie,
Lui ravir tout d'un coup la parole et la vie.

HIPPOLYTE

D'un mensonge si noir justement irrité,
Je devrais faire ici parler la vérité,
Seigneur; mais je supprime un secret qui vous touche.
Approuvez le respect qui me ferme la bouche;
Et sans vouloir vous-même augmenter vos ennuis,
Examinez ma vie, et songez qui je suis.
Quelques crimes toujours précèdent les grands crimes.
Quiconque a pu franchir les bornes légitimes
Peut violer enfin les droits les plus sacrés;
Ainsi que la vertu, le crime a ses degrés;
Et jamais on n'a vu la timide innocence
Passer subitement à l'extrême licence.
Un jour seul ne fait point d'un mortel vertueux
Un perfide assassin, un lâche incestueux.
Élevé dans le sein d'une chaste héroïne,
Je n'ai point de son sang démenti l'origine.
Pitthée, estimé sage entre tous les humains,
Daigna m'instruire encore au sortir de ses mains.
Je ne veux point me peindre avec trop d'avantage;
Mais si quelque vertu m'est tombée en partage,
Seigneur, je crois surtout avoir fait éclater
La haine des forfaits qu'on ose m'imputer.
C'est par là qu'Hippolyte est connu dans la Grèce.
J'ai poussé la vertu jusques à la rudesse.
On sait de mes chagrins l'inflexible rigueur.
Le jour n'est pas plus pur que le fond de mon cœur.
Et l'on veut qu'Hippolyte, épris d'un feu profane...

THÉSÉE

Oui, c'est ce même orgueil, lâche, qui te condamne.

Je vois de tes froideurs le principe odieux :
Phèdre seule charmait tes impudiques yeux ;
Et pour tout autre objet ton âme indifférente
Dédaignait de brûler d'une flamme innocente.

HIPPOLYTE

Non, mon père, ce cœur (c'est trop vous le celer)
N'a point d'un chaste amour dédaigné de brûler.
Je confesse à vos pieds ma véritable offense :
J'aime, j'aime, il est vrai, malgré votre défense.
Aricie à ses lois tient mes vœux asservis ;
La fille de Pallante a vaincu votre fils.
Je l'adore, et mon âme, à vos ordres rebelle,
Ne peut ni soupirer ni brûler que pour elle.

THÉSÉE

Tu l'aimes ? Ciel ! Mais non, l'artifice est grossier.
Tu te feins criminel pour te justifier.

HIPPOLYTE

Seigneur, depuis six mois, je l'évite, et je l'aime.
Je venais en tremblant vous le dire à vous-même.
Hé quoi ! de votre erreur rien ne vous peut tirer ?
Par quel affreux serment faut-il vous rassurer ?
Que la terre, le ciel, que toute la nature...

THÉSÉE

Toujours les scélérats ont recours au parjure.
Cesse, cesse, et m'épargne un importun discours,
Si ta fausse vertu n'a point d'autre secours.

HIPPOLYTE

Elle vous paraît fausse et pleine d'artifice.
Phèdre au fond de son cœur me rend plus de justice.

THÉSÉE

Ah! que ton impudence excite mon courroux!

HIPPOLYTE

Quel temps à mon exil, quel lieu prescrivez-vous?

THÉSÉE

Fusses-tu par-delà les colonnes d'Alcide,
Je me croirais encor trop voisin d'un perfide.

HIPPOLYTE

Chargé du crime affreux dont vous me soupçonnez,
Quels amis me plaindront, quand vous m'abandonnez?

THÉSÉE

Va chercher des amis dont l'estime funeste
Honore l'adultère, applaudisse à l'inceste,
Des traîtres, des ingrats sans honneur et sans loi,
Dignes de protéger un méchant tel que toi.

HIPPOLYTE

Vous me parlez toujours d'inceste et d'adultère!
Je me tais. Cependant Phèdre sort d'une mère,
Phèdre est d'un sang, Seigneur, vous le savez trop bien,
De toutes ces horreurs plus rempli que le mien.

THÉSÉE

Quoi! ta rage à mes yeux perd toute retenue?
Pour la dernière fois, ôte-toi de ma vue.

Sors, traître. N'attends pas qu'un père furieux
Te fasse avec opprobre arracher de ces lieux.

SCÈNE III

THÉSÉE, *seul*.

Misérable, tu cours à ta perte infaillible.
Neptune, par le fleuve aux Dieux mêmes terrible,
M'a donné sa parole, et va l'exécuter.
Un Dieu vengeur te suit, tu ne peux l'éviter.
Je t'aimais; et je sens que malgré ton offense,
Mes entrailles pour toi se troublent par avance.
Mais à te condamner tu m'as trop engagé.
Jamais père en effet fut-il plus outragé?
Justes Dieux, qui voyez la douleur qui m'accable,
Ai-je pu mettre au jour un enfant si coupable?

SCÈNE IV

PHÈDRE, THÉSÉE

PHÈDRE

Seigneur, je viens à vous, pleine d'un juste effroi.
Votre voix redoutable a passé jusqu'à moi.
Je crains qu'un prompt effet n'ait suivi la menace.
S'il en est temps encore, épargnez votre race,
Respectez votre sang, j'ose vous en prier.
Sauvez-moi de l'horreur de l'entendre crier;
Ne me préparez point la douleur éternelle
De l'avoir fait répandre à la main paternelle.

THÉSÉE

Non, Madame, en mon sang ma main n'a point trempé ;
Mais l'ingrat toutefois ne m'est point échappé.
Une immortelle main de sa perte est chargée.
Neptune me la doit, et vous serez vengée.

PHÈDRE

Neptune vous la doit ! Quoi ? vos vœux irrités...

THÉSÉE

Quoi ! craignez-vous déjà qu'ils ne soient écoutés ?
Joignez-vous bien plutôt à mes vœux légitimes.
Dans toute leur noirceur retracez-moi ses crimes ;
Échauffez mes transports trop lents, trop retenus.
Tous ses crimes encor ne vous sont pas connus ;
Sa fureur contre vous se répand en injures :
Votre bouche, dit-il, est pleine d'impostures ;
Il soutient qu'Aricie a son cœur, a sa foi,
Qu'il aime.

PHÈDRE

Quoi, Seigneur !

THÉSÉE

Il l'a dit devant moi.
Mais je sais rejeter un frivole artifice.

Espérons de Neptune une prompte justice.
Je vais moi-même encore, au pied de ses autels,
Le presser d'accomplir ses serments immortels.

SCÈNE V

PHÈDRE, *seule*.

Il sort. Quelle nouvelle a frappé mon oreille?
Quel feu mal étouffé dans mon cœur se réveille?
Quel coup de foudre, ô ciel! et quel funeste avis!
Je volais tout entière au secours de son fils;
Et m'arrachant des bras d'Œnone épouvantée,
Je cédais au remords dont j'étais tourmentée.
Qui sait même où m'allait porter ce repentir?
Peut-être à m'accuser j'aurais pu consentir;
Peut-être, si la voix ne m'eût été coupée,
L'affreuse vérité me serait échappée.
Hippolyte est sensible, et ne sent rien pour moi!
Aricie a son cœur! Aricie a sa foi!
Ah, Dieux! Lorsqu'à mes vœux l'ingrat inexorable
S'armait d'un œil si fier, d'un front si redoutable,
Je pensais qu'à l'amour son cœur toujours fermé
Fût contre tout mon sexe également armé.
Une autre cependant a fléchi son audace;
Devant ses yeux cruels une autre a trouvé grâce.
Peut-être a-t-il un cœur facile à s'attendrir.
Je suis le seul objet qu'il ne saurait souffrir;
Et je me chargerais du soin de le défendre?

SCÈNE VI

PHÈDRE, ŒNONE

PHÈDRE

Chère Œnone, sais-tu ce que je viens d'apprendre?

ŒNONE

Non ; mais je viens tremblante, à ne vous point mentir.
J'ai pâli du dessein qui vous a fait sortir :
J'ai craint une fureur à vous-même fatale.

PHÈDRE

Œnone, qui l'eût cru ? j'avais une rivale.

ŒNONE

Comment ?

PHÈDRE

                Hippolyte aime, et je n'en puis douter.
Ce farouche ennemi qu'on ne pouvait dompter,
Qu'offensait le respect, qu'importunait la plainte,
Ce tigre, que jamais je n'abordai sans crainte,
Soumis, apprivoisé, reconnaît un vainqueur :
Aricie a trouvé le chemin de son cœur.

ŒNONE

Aricie ?

PHÈDRE

        Ah ! douleur non encore éprouvée !
A quel nouveau tourment je me suis réservée !
Tout ce que j'ai souffert, mes craintes, mes transports,
La fureur de mes feux, l'horreur de mes remords,
Et d'un refus cruel l'insupportable injure
N'était qu'un faible essai du tourment que j'endure.

Ils s'aiment! Par quel charme ont-ils trompé mes yeux?
Comment se sont-ils vus? Depuis quand? Dans quels
[lieux?
Tu le savais. Pourquoi me laissais-tu séduire?
De leur furtive ardeur ne pouvais-tu m'instruire?
Les a-t-on vus souvent se parler, se chercher?
Dans le fond des forêts allaient-ils se cacher?
Hélas! ils se voyaient avec pleine licence.
Le ciel de leurs soupirs approuvait l'innocence;
Ils suivaient sans remords leur penchant amoureux;
Tous les jours se levaient clairs et sereins pour eux.
Et moi, triste rebut de la nature entière,
Je me cachais au jour, je fuyais la lumière.
La mort est le seul Dieu que j'osais implorer.
J'attendais le moment où j'allais expirer;
Me nourrissant de fiel, de larmes abreuvée,
Encor dans mon malheur de trop près observée,
Je n'osais dans mes pleurs me noyer à loisir;
Je goûtais en tremblant ce funeste plaisir,
Et sous un front serein déguisant mes alarmes,
Il fallait bien souvent me priver de mes larmes.

ŒNONE

Quel fruit recevront-ils de leurs vaines amours?
Ils ne se verront plus.

PHÈDRE

                    Ils s'aimeront toujours.
Au moment que je parle, ah! mortelle pensée!
Ils bravent la fureur d'une amante insensée.
Malgré ce même exil qui va les écarter,
Ils font mille serments de ne se point quitter.
Non, je ne puis souffrir un bonheur qui m'outrage,
Œnone. Prends pitié de ma jalouse rage.

Il faut perdre Aricie. Il faut de mon époux
Contre un sang odieux réveiller le courroux.
Qu'il ne se borne pas à des peines légères :
Le crime de la sœur passe celui des frères.
Dans mes jaloux transports je le veux implorer.
    Que fais-je? Où ma raison se va-t-elle égarer?
Moi jalouse! Et Thésée est celui que j'implore!
Mon époux est vivant, et moi je brûle encore!
Pour qui? Quel est le cœur où prétendent mes vœux?
Chaque mot sur mon front fait dresser mes cheveux.
Mes crimes désormais ont comblé la mesure.
Je respire à la fois l'inceste et l'imposture.
Mes homicides mains, promptes à me venger,
Dans le sang innocent brûlent de se plonger.
Misérable! et je vis? et je soutiens la vue
De ce sacré Soleil dont je suis descendue?
J'ai pour aïeul le père et le maître des Dieux;
Le ciel, tout l'univers est plein de mes aïeux.
Où me cacher? Fuyons dans la nuit infernale.
Mais que dis-je? Mon père y tient l'urne fatale;
Le Sort, dit-on, l'a mise en ses sévères mains :
Minos juge aux enfers tous les pâles humains.
Ah! combien frémira son ombre épouvantée,
Lorsqu'il verra sa fille à ses yeux présentée,
Contrainte d'avouer tant de forfaits divers,
Et des crimes peut-être inconnus aux enfers!
Que diras-tu, mon père, à ce spectacle horrible?
Je crois voir de ta main tomber l'urne terrible,
Je crois te voir, cherchant un supplice nouveau,
Toi-même de ton sang devenir le bourreau.
Pardonne. Un Dieu cruel a perdu ta famille :
Reconnais sa vengeance aux fureurs de ta fille.
Hélas! du crime affreux dont la honte me suit
Jamais mon triste cœur n'a recueilli le fruit.
Jusqu'au dernier soupir, de malheurs poursuivie,
Je rends dans les tourments une pénible vie.

ŒNONE

Hé! repoussez, Madame, une injuste terreur.
Regardez d'un autre œil une excusable erreur.
Vous aimez. On ne peut vaincre sa destinée.
Par un charme fatal vous fûtes entraînée.
Est-ce donc un prodige inouï parmi nous?
L'amour n'a-t-il encor triomphé que de vous?
La faiblesse aux humains n'est que trop naturelle.
Mortelle, subissez le sort d'une mortelle.
Vous vous plaignez d'un joug imposé dès longtemps :
Les Dieux même, les Dieux, de l'Olympe habitants,
Qui d'un bruit si terrible épouvantent les crimes,
Ont brûlé quelquefois de feux illégitimes.

PHÈDRE

Qu'entends-je! Quels conseils ose-t-on me donner?
Ainsi donc jusqu'au bout tu veux m'empoisonner,
Malheureuse? Voilà comme tu m'as perdue.
Au jour que je fuyais c'est toi qui m'as rendue.
Tes prières m'ont fait oublier mon devoir.
J'évitais Hippolyte, et tu me l'as fait voir.
De quoi te chargeais-tu? Pourquoi ta bouche impie
A-t-elle, en l'accusant, osé noircir sa vie?
Il en mourra peut-être, et d'un père insensé
Le sacrilège vœu peut-être est exaucé.
Je ne t'écoute plus. Va-t'en, monstre exécrable
Va, laisse-moi le soin de mon sort déplorable
Puisse le juste ciel dignement te payer;
Et puisse ton supplice à jamais effrayer
Tous ceux qui, comme toi, par de lâches adresses,
Des princes malheureux nourrissent les faiblesses,
Les poussent au penchant où leur cœur est enclin,
Et leur osent du crime aplanir le chemin;

Détestables flatteurs, présent le plus funeste
Que puisse faire aux rois la colère céleste!

ŒNONE, *seule*.

Ah, Dieux! pour la servir j'ai tout fait, tout quitté;
Et j'en reçois ce prix? Je l'ai bien mérité.

ACTE V

SCÈNE PREMIÈRE

HIPPOLYTE, ARICIE

ARICIE

Quoi! vous pouvez vous taire en ce péril extrême?
Vous laissez dans l'erreur un père qui vous aime?
Cruel, si de mes pleurs méprisant le pouvoir,
Vous consentez sans peine à ne me plus revoir,
Partez, séparez-vous de la triste Aricie.
Mais du moins en partant assurez votre vie.
Défendez votre honneur d'un reproche honteux,
Et forcez votre père à révoquer ses vœux.
Il en est temps encor. Pourquoi, par quel caprice,
Laissez-vous le champ libre à votre accusatrice?
Éclaircissez Thésée.

HIPPOLYTE

Hé! que n'ai-je point dit?

Ai-je dû mettre au jour l'opprobre de son lit?
Devais-je, en lui faisant un récit trop sincère,
D'une indigne rougeur couvrir le front d'un père?
Vous seule avez percé ce mystère odieux.
Mon cœur pour s'épancher n'a que vous et les Dieux.
Je n'ai pu vous cacher, jugez si je vous aime,
Tout ce que je voulais me cacher à moi-même.
Mais songez sous quel sceau je vous l'ai révélé.
Oubliez, s'il se peut, que je vous ai parlé,
Madame; et que jamais une bouche si pure
Ne s'ouvre pour conter cette horrible aventure.
Sur l'équité des Dieux osons nous confier:
Ils ont trop d'intérêt à me justifier;
Et Phèdre, tôt ou tard de son crime punie,
N'en saurait éviter la juste ignominie.
C'est l'unique respect que j'exige de vous.
Je permets tout le reste à mon libre courroux.
Sortez de l'esclavage où vous êtes réduite.
Osez me suivre. Osez accompagner ma fuite.
Arrachez-vous d'un lieu funeste et profané,
Où la vertu respire un air empoisonné;
Profitez, pour cacher votre prompte retraite,
De la confusion que ma disgrâce y jette.
Je vous puis de la fuite assurer les moyens;
Vous n'avez jusqu'ici de gardes que les miens;
De puissants défenseurs prendront notre querelle;
Argos nous tend les bras, et Sparte nous appelle.
A nos amis communs portons nos justes cris;
Ne souffrons pas que Phèdre, assemblant nos débris,
Du trône paternel nous chasse l'un et l'autre,
Et promette à son fils ma dépouille et la vôtre.
L'occasion est belle, il la faut embrasser.
Quelle peur vous retient? Vous semblez balancer?
Votre seul intérêt m'inspire cette audace.
Quand je suis tout de feu, d'où vous vient cette glace?
Sur les pas d'un banni craignez-vous de marcher?

ARICIE

Hélas! qu'un tel exil, Seigneur, me serait cher!
Dans quels ravissements, à votre sort liée,
Du reste des mortels je vivrais oubliée!
Mais n'étant point unis par un lien si doux,
Me puis-je avec honneur dérober avec vous?
Je sais que sans blesser l'honneur le plus sévère,
Je me puis affranchir des mains de votre père :
Ce n'est point m'arracher du sein de mes parents,
Et la fuite est permise à qui fuit ses tyrans.
Mais vous m'aimez, Seigneur; et ma gloire alarmée...

HIPPOLYTE

Non, non, j'ai trop de soin de votre renommée.
Un plus noble dessein m'amène devant vous :
Fuyez vos ennemis, et suivez votre époux.
Libres dans nos malheurs, puisque le ciel l'ordonne,
Le don de notre foi ne dépend de personne.
L'hymen n'est point toujours entouré de flambeaux.
   Aux portes de Trézène, et parmi ces tombeaux,
Des princes de ma race antiques sépultures,
Est un temple sacré formidable aux parjures.
C'est là que les mortels n'osent jurer en vain :
Le perfide y reçoit un châtiment soudain;
Et craignant d'y trouver la mort inévitable,
Le mensonge n'a point de frein plus redoutable.
Là, si vous m'en croyez, d'un amour éternel
Nous irons confirmer le serment solennel;
Nous prendrons à témoin le Dieu qu'on y révère;
Nous le prîrons tous deux de nous servir de père.
Des Dieux les plus sacrés j'attesterai le nom.
Et la chaste Diane, et l'auguste Junon,

Et tous les Dieux enfin, témoins de mes tendresses,
Garantiront la foi de mes saintes promesses.

ARICIE

Le Roi vient. Fuyez, Prince, et partez promptement.
Pour cacher mon départ, je demeure un moment.
Allez, et laissez-moi quelque fidèle guide,
Qui conduise vers vous ma démarche timide.

SCÈNE II

THÉSÉE, ARICIE, ISMÈNE

THÉSÉE

Dieux, éclairez mon trouble, et daignez à mes yeux
Montrer la vérité, que je cherche en ces lieux.

ARICIE

Songe à tout, chère Ismène, et sois prête à la fuite.

SCÈNE III

THÉSÉE, ARICIE

THÉSÉE

Vous changez de couleur, et semblez interdite.
Madame! Que faisait Hippolyte en ce lieu?

ARICIE

Seigneur, il me disait un éternel adieu.

THÉSÉE

Vos yeux ont su dompter ce rebelle courage ;
Et ses premiers soupirs sont votre heureux ouvrage.

ARICIE

Seigneur, je ne vous puis nier la vérité :
De votre injuste haine il n'a pas hérité ;
Il ne me traitait point comme une criminelle.

THÉSÉE

J'entends, il vous jurait une amour éternelle.
Ne vous assurez point sur ce cœur inconstant ;
Car à d'autres que vous il en jurait autant.

ARICIE

Lui, Seigneur ?

THÉSÉE

                    Vous deviez le rendre moins volage :
Comment souffriez-vous cet horrible partage ?

ARICIE

Et comment souffrez-vous que d'horribles discours
D'une si belle vie osent noircir le cours ?
Avez-vous de son cœur si peu de connaissance ?
Discernez-vous si mal le crime et l'innocence ?
Faut-il qu'à vos yeux seuls un nuage odieux
Dérobe sa vertu qui brille à tous les yeux ?
Ah ! c'est trop le livrer à des langues perfides.

Cessez. Repentez-vous de vos vœux homicides ;
Craignez, Seigneur, craignez que le ciel rigoureux
Ne vous haïsse assez pour exaucer vos vœux.
Souvent dans sa colère il reçoit nos victimes ;
Ses présents sont souvent la peine de nos crimes.

THÉSÉE

Non, vous voulez en vain couvrir son attentat ;
Votre amour vous aveugle en faveur de l'ingrat.
Mais j'en crois des témoins certains, irréprochables :
J'ai vu, j'ai vu couler des larmes véritables.

ARICIE

Prenez garde, Seigneur. Vos invincibles mains
Ont de monstres sans nombre affranchi les humains ;
Mais tout n'est pas détruit, et vous en laissez vivre
Un... Votre fils, Seigneur, me défend de poursuivre.
Instruite du respect qu'il veut vous conserver,
Je l'affligerais trop si j'osais achever.
J'imite sa pudeur, et fuis votre présence
Pour n'être pas forcée à rompre le silence.

SCÈNE IV

THÉSÉE, seul.

Quelle est donc sa pensée ? et que cache un discours
Commencé tant de fois, interrompu toujours ?
Veulent-ils m'éblouir par une feinte vaine ?
Sont-ils d'accord tous deux pour me mettre à la gêne ?
Mais moi-même, malgré ma sévère rigueur,
Quelle plaintive voix crie au fond de mon cœur ?

Une pitié secrète et m'afflige et m'étonne.
Une seconde fois interrogeons Œnone.
Je veux de tout le crime être mieux éclairci.
Gardes? Qu'Œnone sorte, et vienne seule ici.

SCÈNE V

THÉSÉE, PANOPE

PANOPE

J'ignore le projet que la Reine médite,
Seigneur. Mais je crains tout du transport qui l'agite.
Un mortel désespoir sur son visage est peint;
La pâleur de la mort est déjà sur son teint.
Déjà, de sa présence avec honte chassée,
Dans la profonde mer Œnone s'est lancée.
On ne sait point d'où part ce dessein furieux;
Et les flots pour jamais l'ont ravie à nos yeux.

THÉSÉE

Qu'entends-je?

PANOPE

                Son trépas n'a point calmé la Reine :
Le trouble semble croître en son âme incertaine.
Quelquefois, pour flatter ses secrètes douleurs,
Elle prend ses enfants et les baigne de pleurs;
Et soudain, renonçant à l'amour maternelle,
Sa main avec horreur les repousse loin d'elle.
Elle porte au hasard ses pas irrésolus;
Son œil tout égaré ne nous reconnaît plus.

Elle a trois fois écrit ; et changeant de pensée,
Trois fois elle a rompu sa lettre commencée.
Daignez la voir, Seigneur ; daignez la secourir.

THÉSÉE

O ciel ! Œnone est morte, et Phèdre veut mourir ?
Qu'on rappelle mon fils, qu'il vienne se défendre,
Qu'il vienne me parler, je suis prêt de l'entendre.
Ne précipite point tes funestes bienfaits,
Neptune ; j'aime mieux n'être exaucé jamais.
J'ai peut-être trop cru des témoins peu fidèles ;
Et j'ai trop tôt vers toi levé mes mains cruelles.
Ah ! de quel désespoir mes vœux seraient suivis !

SCÈNE VI

THÉSÉE, THÉRAMÈNE

THÉSÉE

Théramène, est-ce toi ? Qu'as-tu fait de mon fils ?
Je te l'ai confié dès l'âge le plus tendre.
Mais d'où naissent les pleurs que je te vois répandre ?
Que fait mon fils ?

THÉRAMÈNE

          O soins tardifs et superflus !
Inutile tendresse ! Hippolyte n'est plus.

THÉSÉE

Dieux !

THÉRAMÈNE

J'ai vu des mortels périr le plus aimable,
Et j'ose dire encor, Seigneur, le moins coupable.

THÉSÉE

Mon fils n'est plus ? Hé quoi ! quand je lui tends les bras,
Les Dieux impatients ont hâté son trépas ?
Quel coup me l'a ravi ? Quelle foudre soudaine ?

THÉRAMÈNE

A peine nous sortions des portes de Trézène,
Il était sur son char. Ses gardes affligés
Imitaient son silence, autour de lui rangés ;
Il suivait tout pensif le chemin de Mycènes ;
Sa main sur ses chevaux laissait flotter les rênes.
Ses superbes coursiers, qu'on voyait autrefois
Pleins d'une ardeur si noble obéir à sa voix,
L'œil morne maintenant et la tête baissée,
Semblaient se conformer à sa triste pensée.
Un effroyable cri, sorti du fond des flots,
Des airs en ce moment a troublé le repos ;
Et du sein de la terre une voix formidable
Répond en gémissant à ce cri redoutable.
Jusqu'au fond de nos cœurs notre sang s'est glacé ;
Des coursiers attentifs le crin s'est hérissé.
Cependant sur le dos de la plaine liquide
S'élève à gros bouillons une montagne humide ;
L'onde approche, se brise, et vomit à nos yeux,
Parmi des flots d'écume, un monstre furieux.
Son front large est armé de cornes menaçantes ;
Tout son corps est couvert d'écailles jaunissantes ;

Indomptable taureau, dragon impétueux,
Sa croupe se recourbe en replis tortueux.
Ses longs mugissements font trembler le rivage.
Le ciel avec horreur voit ce monstre sauvage,
La terre s'en émeut, l'air en est infecté,
Le flot qui l'apporta recule épouvanté.
Tout fuit ; et sans s'armer d'un courage inutile,
Dans le temple voisin chacun cherche un asile.
Hippolyte lui seul, digne fils d'un héros,
Arrête ses coursiers, saisit ses javelots,
Pousse au monstre, et d'un dard lancé d'une main sûre,
Il lui fait dans le flanc une large blessure.
De rage et de douleur le monstre bondissant
Vient aux pieds des chevaux tomber en mugissant,
Se roule, et leur présente une gueule enflammée,
Qui les couvre de feu, de sang et de fumée.
La frayeur les emporte, et sourds à cette fois,
Ils ne connaissent plus ni le frein ni la voix.
En efforts impuissants leur maître se consume ;
Ils rougissent le mors d'une sanglante écume.
On dit qu'on a vu même, en ce désordre affreux,
Un Dieu qui d'aiguillons pressait leur flanc poudreux.
A travers des rochers la peur les précipite.
L'essieu crie et se rompt. L'intrépide Hippolyte
Voit voler en éclats tout son char fracassé ;
Dans les rênes lui-même il tombe embarrassé.
Excusez ma douleur. Cette image cruelle
Sera pour moi de pleurs une source éternelle.
J'ai vu, Seigneur, j'ai vu votre malheureux fils
Traîné par les chevaux que sa main a nourris.
Il veut les rappeler, et sa voix les effraie ;
Ils courent. Tout son corps n'est bientôt qu'une plaie.
De nos cris douloureux la plaine retentit ;
Leur fougue impétueuse enfin se ralentit :
Ils s'arrêtent, non loin de ces tombeaux antiques
Où des rois ses aïeux sont les froides reliques.

J'y cours en soupirant, et sa garde me suit.
De son généreux sang la trace nous conduit :
Les rochers en sont teints; les ronces dégouttantes
Portent de ses cheveux les dépouilles sanglantes.
J'arrive, je l'appelle, et me tendant la main
Il ouvre un œil mourant, qu'il referme soudain.
Le ciel, dit-il, *m'arrache une innocente vie.*
Prends soin après ma mort de la triste Aricie.
Cher ami, si mon père un jour désabusé
Plaint le malheur d'un fils faussement accusé,
Pour apaiser mon sang et mon ombre plaintive,
Dis-lui qu'avec douceur il traite sa captive,
Qu'il lui rende... A ce mot ce héros expiré
N'a laissé dans mes bras qu'un corps défiguré,
Triste objet, où des Dieux triomphe la colère,
Et que méconnaîtrait l'œil même de son père.

THÉSÉE

O mon fils! cher espoir que je me suis ravi!
Inexorables Dieux, qui m'avez trop servi!
A quels mortels regrets ma vie est réservée !

THÉRAMÈNE

La timide Aricie est alors arrivée.
Elle venait, Seigneur, fuyant votre courroux,
A la face des Dieux l'accepter pour époux.
Elle approche : elle voit l'herbe rouge et fumante;
Elle voit (quel objet pour les yeux d'une amante!)
Hippolyte étendu, sans forme et sans couleur.
Elle veut quelque temps douter de son malheur,
Et ne connaissant plus ce héros qu'elle adore,
Elle voit Hippolyte et le demande encore.
Mais trop sûre à la fin qu'il est devant ses yeux,
Par un triste regard elle accuse les Dieux,

Et froide, gémissante, et presque inanimée,
Aux pieds de son amant elle tombe pâmée.
Ismène est auprès d'elle; Ismène, tout en pleurs,
La rappelle à la vie, ou plutôt aux douleurs.
Et moi, je suis venu, détestant la lumière,
Vous dire d'un héros la volonté dernière,
Et m'acquitter, Seigneur, du malheureux emploi
Dont son cœur expirant s'est reposé sur moi.
Mais j'aperçois venir sa mortelle ennemie.

SCÈNE DERNIÈRE

THÉSÉE, PHÈDRE, THÉRAMÈNE
PANOPE, GARDES

THÉSÉE

Hé bien! vous triomphez, et mon fils est sans vie.
Ah! que j'ai lieu de craindre! et qu'un cruel soupçon,
L'excusant dans mon cœur, m'alarme avec raison!
Mais, Madame, il est mort, prenez votre victime :
Jouissez de sa perte, injuste ou légitime.
Je consens que mes yeux soient toujours abusés.
Je le crois criminel, puisque vous l'accusez.
Son trépas à mes pleurs offre assez de matières,
Sans que j'aille chercher d'odieuses lumières,
Qui ne pouvant le rendre à ma juste douleur,
Peut-être ne feraient qu'accroître mon malheur.
Laissez-moi, loin de vous, et loin de ce rivage,
De mon fils déchiré fuir la sanglante image.
Confus, persécuté d'un mortel souvenir,
De l'univers entier je voudrais me bannir.
Tout semble s'élever contre mon injustice.
L'éclat de mon nom même augmente mon supplice.
Moins connu des mortels, je me cacherais mieux.

Je hais jusques au soin dont m'honorent les Dieux;
Et je m'en vais pleurer leurs faveurs meurtrières,
Sans plus les fatiguer d'inutiles prières.
Quoi qu'ils fissent pour moi, leur funeste bonté
Ne me saurait payer de ce qu'ils m'ont ôté.

PHÈDRE

Non, Thésée, il faut rompre un injuste silence;
Il faut à votre fils rendre son innocence.
Il n'était point coupable.

THÉSÉE

Ah! père infortuné!
Et c'est sur votre foi que je l'ai condamné!
Cruelle, pensez-vous être assez excusée...

PHÈDRE

Les moments me sont chers, écoutez-moi, Thésée.
C'est moi qui sur ce fils chaste et respectueux
Osai jeter un œil profane, incestueux.
Le ciel mit dans mon sein une flamme funeste;
La détestable Œnone a conduit tout le reste.
Elle a craint qu'Hippolyte, instruit de ma fureur,
Ne découvrît un feu qui lui faisait horreur.
La perfide, abusant de ma faiblesse extrême,
S'est hâtée à vos yeux de l'accuser lui-même.
Elle s'en est punie, et fuyant mon courroux,
A cherché dans les flots un supplice trop doux.
Le fer aurait déjà tranché ma destinée;
Mais je laissais gémir la vertu soupçonnée.
J'ai voulu, devant vous exposant mes remords,
Par un chemin plus lent descendre chez les morts.
J'ai pris, j'ai fait couler dans mes brûlantes veines

Un poison que Médée apporta dans Athènes.
Déjà jusqu'à mon cœur le venin parvenu
Dans ce cœur expirant jette un froid inconnu;
Déjà je ne vois plus qu'à travers un nuage
Et le ciel, et l'époux que ma présence outrage;
Et la mort, à mes yeux dérobant la clarté,
Rend au jour, qu'ils souillaient, toute sa pureté.

PANOPE

Elle expire, Seigneur.

THÉSÉE

       D'une action si noire
Que ne peut avec elle expirer la mémoire!
Allons, de mon erreur, hélas! trop éclaircis,
Mêler nos pleurs au sang de mon malheureux fils.
Allons de ce cher fils embrasser ce qui reste,
Expier la fureur d'un vœu que je déteste.
Rendons-lui les honneurs qu'il a trop mérités;
Et pour mieux apaiser ses mânes irrités,
Que, malgré les complots d'une injuste famille,
Son amante aujourd'hui me tienne lieu de fille.

ATHALIE

PERSONNAGES

JOAS, roi de Juda, fils d'Ochosias.
ATHALIE, veuve de Joram, aïeule de Joas.
JOAD, autrement JOIADA, grand prêtre.
JOSABET, tante de Joas, femme du grand prêtre.
ZACHARIE, fils de Joad et de Josabet.
SALOMITH, sœur de Zacharie.
ABNER, l'un des principaux officiers des rois de Juda.
  AZARIAS,
  ISMAEL,
    ET LES TROIS AUTRES CHEFS DES PRÊTRES ET DES LÉVITES.
MATHAN, prêtre apostat, sacrificateur de Baal.
NABAL, confident de Mathan.
AGAR, femme de la suite d'Athalie.
TROUPE DE PRÊTRES ET DE LÉVITES.
SUITE D'ATHALIE.
LA NOURRICE DE JOAS.
CHŒUR DE JEUNES FILLES DE LA TRIBU DE LÉVI.

La scène est dans le temple de Jérusalem,
dans un vestibule de l'appartement du grand prêtre.

ACTE PREMIER

SCÈNE PREMIÈRE

JOAD, ABNER

ABNER

Oui, je viens dans son temple adorer l'Éternel.
Je viens, selon l'usage antique et solennel,
Célébrer avec vous la fameuse journée
Où sur le mont Sina la loi nous fut donnée.
Que les temps sont changés! Sitôt que de ce jour
La trompette sacrée annonçait le retour,
Du temple, orné partout de festons magnifiques,
Le peuple saint en foule inondait les portiques;
Et tous devant l'autel avec ordre introduits,
De leurs champs dans leurs mains portant les nouveaux
[fruits,
Au Dieu de l'univers consacraient ces prémices.
Les prêtres ne pouvaient suffire aux sacrifices.
L'audace d'une femme, arrêtant ce concours,
En des jours ténébreux a changé ces beaux jours.
D'adorateurs zélés à peine un petit nombre
Ose des premiers temps nous retracer quelque ombre.
Le reste pour son Dieu montre un oubli fatal,
Ou même, s'empressant aux autels de Baal,

Se fait initier à ses honteux mystères,
Et blasphème le nom qu'ont invoqué leurs pères.
Je tremble qu'Athalie, à ne vous rien cacher,
Vous-même de l'autel vous faisant arracher,
N'achève enfin sur vous ses vengeances funestes,
Et d'un respect forcé ne dépouille les restes.

JOAD

D'où vous vient aujourd'hui ce noir pressentiment ?
Pensez-vous être saint et juste impunément ?
Dès longtemps elle hait cette fermeté rare
Qui rehausse en Joad l'éclat de la tiare.
Dès longtemps votre amour pour la religion
Est traité de révolte et de sédition.
Du mérite éclatant cette reine jalouse
Hait surtout Josabet, votre fidèle épouse.
Si du grand prêtre Aaron Joad est successeur,
De notre dernier roi Josabet est la sœur.
Mathan d'ailleurs, Mathan, ce prêtre sacrilège,
Plus méchant qu'Athalie, à toute heure l'assiège ;
Mathan, de nos autels infâme déserteur,
Et de toute vertu zélé persécuteur.
C'est peu que le front ceint d'une mitre étrangère,
Ce lévite à Baal prête son ministère :
Ce temple l'importune, et son impiété
Voudrait anéantir le Dieu qu'il a quitté.
Pour vous perdre il n'est point de ressorts qu'il
                                        [n'invente :
Quelquefois il vous plaint, souvent même il vous vante ;
Il affecte pour vous une fausse douceur,
Et par là de son fiel colorant la noirceur,
Tantôt à cette reine il vous peint redoutable,
Tantôt, voyant pour l'or sa soif insatiable,
Il lui feint qu'en un lieu que vous seul connaissez,
Vous cachez des trésors par David amassés.

Enfin depuis deux jours la superbe Athalie
Dans un sombre chagrin paraît ensevelie.
Je l'observais hier, et je voyais ses yeux
Lancer sur le lieu saint des regards furieux;
Comme si dans le fond de ce vaste édifice
Dieu cachait un vengeur armé pour son supplice.
Croyez-moi, plus j'y pense, et moins je puis douter
Que sur vous son courroux ne soit prêt d'éclater,
Et que de Jézabel la fille sanguinaire
Ne vienne attaquer Dieu jusqu'en son sanctuaire.

JOAD

Celui qui met un frein à la fureur des flots
Sait aussi des méchants arrêter les complots.
Soumis avec respect à sa volonté sainte,
Je crains Dieu, cher Abner, et n'ai point d'autre crainte.
Cependant je rends grâce au zèle officieux
Qui sur tous mes périls vous fait ouvrir les yeux.
Je vois que l'injustice en secret vous irrite,
Que vous avez encor le cœur israélite.
Le ciel en soit béni. Mais ce secret courroux,
Cette oisive vertu, vous en contentez-vous?
La foi qui n'agit point, est-ce une foi sincère?
Huit ans déjà passés, une impie étrangère
Du sceptre de David usurpe tous les droits,
Se baigne impunément dans le sang de nos rois,
Des enfants de son fils détestable homicide,
Et même contre Dieu lève son bras perfide.
Et vous, l'un des soutiens de ce tremblant État,
Vous nourri dans les camps du saint roi Josaphat,
Qui sous son fils Joram commandiez nos armées,
Qui rassurâtes seul nos villes alarmées,
Lorsque d'Ochosias le trépas imprévu
Dispersa tout son camp à l'aspect de Jéhu,
« Je crains Dieu, dites-vous, sa vérité me touche. »

Voici comme ce Dieu vous répond par ma bouche :
« Du zèle de ma loi que sert de vous parer ?
Par de stériles vœux pensez-vous m'honorer ?
Quel fruit me revient-il de tous vos sacrifices ?
Ai-je besoin du sang des boucs et des génisses ?
Le sang de vos rois crie, et n'est point écouté.
Rompez, rompez tout pacte avec l'impiété,
Du milieu de mon peuple exterminez les crimes,
Et vous viendrez alors m'immoler des victimes. »

ABNER

Hé ! que puis-je au milieu de ce peuple abattu ?
Benjamin est sans force, et Juda sans vertu.
Le jour qui de leurs rois vit éteindre la race
Éteignit tout le feu de leur antique audace.
« Dieu même, disent-ils, s'est retiré de nous :
De l'honneur des Hébreux autrefois si jaloux,
Il voit sans intérêt leur grandeur terrassée.
Et sa miséricorde à la fin s'est lassée.
On ne voit plus pour nous ses redoutables mains
De merveilles sans nombre effrayer les humains,
L'arche sainte est muette, et ne rend plus d'oracles. »

JOAD

Et quel temps fut jamais si fertile en miracles ?
Quand Dieu par plus d'effets montra-t-il son pouvoir ?
Auras-tu donc toujours des yeux pour ne point voir,
Peuple ingrat ? Quoi ? toujours les plus grandes
                                    [merveilles
Sans ébranler ton cœur frapperont tes oreilles ?
Faut-il, Abner, faut-il vous rappeler le cours
Des prodiges fameux accomplis en nos jours ?
Des tyrans d'Israël les célèbres disgrâces,
Et Dieu trouvé fidèle en toutes ses menaces ;

L'impie Achab détruit, et de son sang trempé
Le champ que par le meurtre il avait usurpé;
Près de ce champ fatal Jézabel immolée,
Sous les pieds des chevaux cette reine foulée,
Dans son sang inhumain les chiens désaltérés,
Et de son corps hideux les membres déchirés;
Des prophètes menteurs la troupe confondue,
Et la flamme du ciel sur l'autel descendue;
Élie aux éléments parlant en souverain,
Les cieux par lui fermés et devenus d'airain,
Et la terre trois ans sans pluie et sans rosée;
Les morts se ranimant à la voix d'Élisée;
Reconnaissez, Abner, à ces traits éclatants,
Un Dieu tel aujourd'hui qu'il fut dans tous les temps.
Il sait, quand il lui plaît, faire éclater sa gloire,
Et son peuple est toujours présent à sa mémoire.

ABNER

Mais où sont ces honneurs à David tant promis,
Et prédits même encore à Salomon son fils?
Hélas! nous espérions que de leur race heureuse
Devait sortir de rois une suite nombreuse;
Que sur toute tribu, sur toute nation,
L'un d'eux établirait sa domination,
Ferait cesser partout la discorde et la guerre,
Et verrait à ses pieds tous les rois de la terre.

JOAD

Aux promesses du ciel pourquoi renoncez-vous?

ABNER

Ce roi fils de David, où le chercherons-nous?
Le ciel même peut-il réparer les ruines

De cet arbre séché jusque dans ses racines?
Athalie étouffa l'enfant même au berceau.
Les morts après huit ans sortent-ils du tombeau?
Ah! si dans sa fureur elle s'était trompée,
Si du sang de nos rois quelque goutte échappée...

JOAD

Hé bien! que feriez-vous?

ABNER

O jour heureux pour moi!
De quelle ardeur j'irais reconnaître mon roi!
Doutez-vous qu'à ses pieds nos tribus empressées...
Mais pourquoi me flatter de ces vaines pensées?
Déplorable héritier de ces rois triomphants,
Ochosias restait seul avec ses enfants.
Par les traits de Jéhu je vis percer le père,
Vous avez vu les fils massacrés par la mère.

JOAD

Je ne m'explique point. Mais quand l'astre du jour
Aura sur l'horizon fait le tiers de son tour,
Lorsque la troisième heure aux prières rappelle,
Retrouvez-vous au temple avec ce même zèle.
Dieu pourra vous montrer par d'importants bienfaits
Que sa parole est stable et ne trompe jamais.
Allez : pour ce grand jour il faut que je m'apprête,
Et du temple déjà l'aube blanchit le faîte.

ABNER

Quel sera ce bienfait que je ne comprends pas?
L'illustre Josabet porte vers vous ses pas.

Je sors, et vais me joindre à la troupe fidèle
Qu'attire de ce jour la pompe solennelle.

SCÈNE II

JOAD, JOSABET

JOAD

Les temps sont accomplis, Princesse, il faut parler,
Et votre heureux larcin ne se peut plus celer.
Des ennemis de Dieu la coupable insolence,
Abusant contre lui de ce profond silence,
Accuse trop longtemps ses promesses d'erreur.
Que dis-je? Le succès animant leur fureur,
Jusque sur notre autel votre injuste marâtre
Veut offrir à Baal un encens idolâtre.
Montrons ce jeune roi que vos mains ont sauvé,
Sous l'aile du Seigneur dans le temple élevé.
De nos princes hébreux il aura le courage,
Et déjà son esprit a devancé son âge.
Avant que son destin s'explique par ma voix,
Je vais l'offrir au Dieu par qui règnent les rois.
Aussitôt assemblant nos lévites, nos prêtres,
Je leur déclarerai l'héritier de leurs maîtres.

JOSABET

Sait-il déjà son nom et son noble destin?

JOAD

Il ne répond encor qu'au nom d'Éliacin,
Et se croit quelque enfant rejeté par sa mère,

A qui j'ai par pitié daigné servir de père.

JOSABET

Hélas! de quel péril je l'avais su tirer!
Dans quel péril encore est-il prêt de rentrer!

JOAD

Quoi? déjà votre foi s'affaiblit et s'étonne?

JOSABET

A vos sages conseils, Seigneur, je m'abandonne.
Du jour que j'arrachai cet enfant à la mort,
Je remis en vos mains tout le soin de son sort.
Même, de mon amour craignant la violence,
Autant que je le puis, j'évite sa présence,
De peur qu'en le voyant, quelque trouble indiscret
Ne fasse avec mes pleurs échapper mon secret.
Surtout j'ai cru devoir aux larmes, aux prières
Consacrer ces trois jours et ces trois nuits entières.
Cependant aujourd'hui puis-je vous demander
Quels amis vous avez, prêts à vous seconder?
Abner, le brave Abner viendra-t-il nous défendre?
A-t-il près de son roi fait serment de se rendre?

JOAD

Abner, quoiqu'on se pût assurer sur sa foi,
Ne sait pas même encor si nous avons un roi.

JOSABET

Mais à qui de Joas confiez-vous la garde?
Est-ce Obed, est-ce Amnon que cet honneur regarde?

De mon père sur eux les bienfaits répandus...

JOAD

A l'injuste Athalie ils se sont tous vendus.

JOSABET

Qui donc opposez-vous contre ses satellites?

JOAD

Ne vous l'ai-je pas dit? Nos prêtres, nos lévites.

JOSABET

Je sais que près de vous en secret assemblé,
Par vos soins prévoyants leur nombre est redoublé;
Que pleins d'amour pour vous, d'horreur pour Athalie,
Un serment solennel par avance les lie
A ce fils de David qu'on leur doit révéler.
Mais quelque noble ardeur dont ils puissent brûler,
Peuvent-ils de leur roi venger seuls la querelle?
Pour un si grand ouvrage, est-ce assez de leur zèle?
Doutez-vous qu'Athalie, au premier bruit semé
Qu'un fils d'Ochosias est ici renfermé,
De ses fiers étrangers assemblant les cohortes,
N'environne le temple, et n'en brise les portes?
Suffira-t-il contre eux de vos ministres saints,
Qui levant au Seigneur leurs innocentes mains,
Ne savent que gémir et prier pour nos crimes,
Et n'ont jamais versé que le sang des victimes?
Peut-être dans leurs bras Joas percé de coups...

JOAD

Et comptez-vous pour rien Dieu qui combat pour nous?

Dieu, qui de l'orphelin protège l'innocence,
Et fait dans la faiblesse éclater sa puissance;
Dieu, qui hait les tyrans, et qui dans Jezraël
Jura d'exterminer Achab et Jézabel;
Dieu, qui frappant Joram, le mari de leur fille,
A jusque sur son fils poursuivi leur famille;
Dieu, dont le bras vengeur, pour un temps suspendu,
Sur cette race impie est toujours étendu.

JOSABET

Et c'est sur tous ces rois sa justice sévère
Que je crains pour le fils de mon malheureux frère.
Qui sait si cet enfant, par leur crime entraîné,
Avec eux en naissant ne fut pas condamné?
Si Dieu, le séparant d'une odieuse race,
En faveur de David voudra lui faire grâce?
   Hélas! l'état horrible où le ciel me l'offrit
Revient à tout moment effrayer mon esprit.
De princes égorgés la chambre était remplie.
Un poignard à la main, l'implacable Athalie
Au carnage animait ses barbares soldats,
Et poursuivait le cours de ses assassinats.
Joas, laissé pour mort, frappa soudain ma vue.
Je me figure encor sa nourrice éperdue,
Qui devant les bourreaux s'était jetée en vain,
Et faible le tenait renversé sur son sein.
Je le pris tout sanglant. En baignant son visage,
Mes pleurs du sentiment lui rendirent l'usage;
Et soit frayeur encore, ou pour me caresser,
De ses bras innocents je me sentis presser.
Grand Dieu, que mon amour ne lui soit point funeste.
Du fidèle David c'est le précieux reste.
Nourri dans ta maison, en l'amour de ta loi,
Il ne connaît encor d'autre père que toi.
Sur le point d'attaquer une reine homicide,

A l'aspect du péril si ma foi s'intimide.
Si la chair et le sang, se troublant aujourd'hui,
Ont trop de part aux pleurs que je répands pour lui,
Conserve l'héritier de tes saintes promesses,
Et ne punis que moi de toutes mes faiblesses.

JOAD

Vos larmes, Josabet, n'ont rien de criminel ;
Mais Dieu veut qu'on espère en son soin paternel.
Il ne recherche point, aveugle en sa colère,
Sur le fils qui le craint l'impiété du père.
Tout ce qui reste encor de fidèles Hébreux
Lui viendront aujourd'hui renouveler leurs vœux.
Autant que de David la race est respectée,
Autant de Jézabel la fille est détestée.
Joas les touchera par sa noble pudeur,
Où semble de son sang reluire la splendeur ;
Et Dieu, par sa voix même appuyant notre exemple,
De plus près à leur cœur parlera dans son temple.
Deux infidèles rois tour à tour l'ont bravé :
Il faut que sur le trône un roi soit élevé,
Qui se souvienne un jour qu'au rang de ses ancêtres
Dieu l'a fait remonter par la main de ses prêtres,
L'a tiré par leur main de l'oubli du tombeau,
Et de David éteint rallumé le flambeau.
   Grand Dieu, si tu prévois qu'indigne de sa race,
Il doive de David abandonner la trace,
Qu'il soit comme le fruit en naissant arraché,
Ou qu'un souffle ennemi dans sa fleur a séché.
Mais si ce même enfant, à tes ordres docile,
Doit être à tes desseins un instrument utile,
Fais qu'au juste héritier le sceptre soit remis ;
Livre en mes faibles mains ses puissants ennemis ;
Confonds dans ses conseils une reine cruelle.
Daigne, daigne, mon Dieu, sur Mathan et sur elle

Répandre cet esprit d'imprudence et d'erreur,
De la chute des rois funestes avant-coureur.
   L'heure me presse. Adieu. Des plus saintes familles.
Votre fils et sa sœur vous amènent les filles.

SCÈNE III

JOSABET, ZACHARIE, SALOMITH,
LE CHŒUR

JOSABET

Chez Zacharie, allez, ne vous arrêtez pas,
De votre auguste père accompagnez les pas.
   O filles de Lévi, troupe jeune et fidèle,
Que déjà le Seigneur embrase de son zèle,
Qui venez si souvent partager mes soupirs,
Enfants, ma seule joie en mes longs déplaisirs,
Ces festons dans vos mains et ces fleurs sur vos têtes
Autrefois convenaient à nos pompeuses fêtes.
Mais, hélas! en ce temps d'opprobre et de douleurs,
Quelle offrande sied mieux que celle de nos pleurs?
J'entends déjà, j'entends la trompette sacrée,
Et du temple bientôt on permettra l'entrée.
Tandis que je me vais préparer à marcher,
Chantez, louez le Dieu que vous venez chercher.

SCÈNE IV

LE CHŒUR

TOUT LE CHŒUR *chante.*

Tout l'univers est plein de sa magnificence.
Qu'on l'adore ce Dieu, qu'on l'invoque à jamais.

Son empire a des temps précédé la naissance.
  Chantons, publions ses bienfaits.

UNE VOIX, *seule.*

  En vain l'injuste violence
Au peuple qui le loue imposerait silence,
  Son nom ne périra jamais.
Le jour annonce au jour sa gloire et sa puissance.
Tout l'univers est plein de sa magnificence :
  Chantons, publions ses bienfaits.

TOUT LE CHŒUR *répète.*

Tout l'univers est plein de sa magnificence :
  Chantons, publions ses bienfaits.

UNE VOIX, *seule.*

  Il donne aux fleurs leur aimable peinture.
  Il fait naître et mûrir les fruits.
  Il leur dispense avec mesure
Et la chaleur des jours et la fraîcheur des nuits ;
Le champ qui les reçut les rend avec usure.

UNE AUTRE

Il commande au soleil d'animer la nature
  Et la lumière est un don de ses mains ;
  Mais sa loi sainte, sa loi pure,
Est le plus riche don qu'il ait fait aux humains.

UNE AUTRE

O mont de Sinaï, conserve la mémoire
De ce jour à jamais auguste et renommé,

Quand, sur ton sommet enflammé,
Dans un nuage épais le Seigneur enfermé
Fit luire aux yeux mortels un rayon de sa gloire.
Dis-nous pourquoi ces feux et ces éclairs,
Ces torrents de fumée, et ce bruit dans les airs,
Ces trompettes et ce tonnerre?
Venait-il renverser l'ordre des éléments?
Sur ses antiques fondements
Venait-il ébranler la terre?

Une Autre

Il venait révéler aux enfants des Hébreux
De ses préceptes saints la lumière immortelle.
Il venait à ce peuple heureux
Ordonner de l'aimer d'une amour éternelle.

Tout le Chœur

O divine, ô charmante loi!
O justice! ô bonté suprême!
Que de raisons, quelle douceur extrême
D'engager à ce Dieu son amour et sa foi!

Une Voix, *seule*.

D'un joug cruel il sauva nos aïeux,
Les nourrit au désert d'un pain délicieux.
Il nous donne ses lois, il se donne lui-même.
Pour tant de biens, il commande qu'on l'aime.

Le Chœur

O justice! ô bonté suprême!

La Même Voix

Des mers pour eux il entr'ouvrit les eaux,

D'un aride rocher fit sortir des ruisseaux.
Il nous donne ses lois, il se donne lui-même.
     Pour tant de biens, il commande qu'on l'aime.

Le Chœur

O divine, ô charmante loi !
Que de raisons, quelle douceur extrême
D'engager à ce Dieu son amour et sa foi !

Une Autre Voix, *seule.*

Vous qui ne connaissez qu'une crainte servile,
Ingrats, un Dieu si bon ne peut-il vous charmer ?
Est-il donc à vos cœurs, est-il si difficile
     Et si pénible de l'aimer ?
  L'esclave craint le tyran qui l'outrage ;
Mais des enfants l'amour est le partage.
Vous voulez que ce Dieu vous comble de bienfaits,
     Et ne l'aimer jamais ?

Tout le Chœur

O divine, ô charmante loi, *etc.*

ACTE II

SCÈNE PREMIÈRE

JOSABET, SALOMITH, LE CHŒUR

Josabet

Mes filles, c'est assez ; suspendez vos cantiques.

Il est temps de nous joindre aux prières publiques.
Voici notre heure. Allons célébrer ce grand jour,
Et devant le Seigneur paraître à notre tour.

SCÈNE II

ZACHARIE, JOSABET, SALOMITH,
LE CHŒUR

JOSABET

Mais que vois-je? Mon fils, quel sujet vous ramène?
Où courez-vous ainsi tout pâle et hors d'haleine?

ZACHARIE

O ma mère!

JOSABET

Hé bien, quoi?

ZACHARIE

Le temple est profané.

JOSABET

Comment?

ZACHARIE

Et du Seigneur l'autel abandonné.

JOSABET

Je tremble. Hâtez-vous d'éclaircir votre mère.

ZACHARIE

Déjà, selon la loi, le grand prêtre mon père,
Après avoir au Dieu qui nourrit les humains
De la moisson nouvelle offert les premiers pains,
Lui présentait encore entre ses mains sanglantes
Des victimes de paix les entrailles fumantes.
Debout à ses côtés le jeune Éliacin
Comme moi le servait en long habit de lin ;
Et cependant, du sang de la chair immolée,
Les prêtres arrosaient l'autel et l'assemblée.
Un bruit confus s'élève, et du peuple surpris
Détourne tout à coup les yeux et les esprits.
Une femme... Peut-on la nommer sans blasphème ?
Une femme... C'était Athalie elle-même.

JOSABET

Ciel !

ZACHARIE

      Dans un des parvis aux hommes réservé
Cette femme superbe entre, le front levé,
Et se préparait même à passer les limites
De l'enceinte sacrée ouverte aux seuls lévites.
Le peuple s'épouvante et fuit de toutes parts.
Mon père... Ah ! quel courroux animait ses regards !
Moïse à Pharaon parut moins formidable :
« Reine, sors, a-t-il dit, de ce lieu redoutable,
D'où te bannit ton sexe et ton impiété.
Viens-tu du Dieu vivant braver la majesté ? »
La Reine alors, sur lui jetant un œil farouche,
Pour blasphémer sans doute ouvrait déjà la bouche.
J'ignore si de Dieu l'ange se dévoilant

Est venu lui montrer un glaive étincelant;
Mais sa langue en sa bouche à l'instant s'est glacée,
Et toute son audace a paru terrassée.
Ses yeux, comme effrayés, n'osaient se détourner;
Surtout Éliacin paraissait l'étonner.

JOSABET

Quoi donc? Éliacin a paru devant elle?

ZACHARIE

Nous regardions tous deux cette reine cruelle,
Et d'une égale horreur nos cœurs étaient frappés,
Mais les prêtres bientôt nous ont enveloppés.
On nous a fait sortir. J'ignore tout le reste,
Et venais vous conter ce désordre funeste.

JOSABET

Ah! de nos bras sans doute elle vient l'arracher;
Et c'est lui qu'à l'autel sa fureur vient chercher.
Peut-être en ce moment l'objet de tant de larmes...
Souviens-toi de David, Dieu, qui vois mes alarmes.

SALOMITH

Quel est-il cet objet des pleurs que vous versez?

ZACHARIE

Les jours d'Éliacin seraient-ils menacés?

SALOMITH

Aurait-il de la Reine attiré la colère?

ZACHARIE

Que craint-on d'un enfant sans support et sans père?

JOSABET

Ah! la voici. Sortons. Il la faut éviter.

SCÈNE III

ATHALIE, AGAR, ABNER, SUITE D'ATHALIE

AGAR

Madame, dans ces lieux pourquoi vous arrêter?
Ici tous les objets vous blessent, vous irritent.
Abandonnez ce temple aux prêtres qui l'habitent;
Fuyez tout ce tumulte, et dans votre palais
A vos sens agités venez rendre la paix.

ATHALIE

Non, je ne puis : tu vois mon trouble et ma faiblesse.
Va, fais dire à Mathan qu'il vienne, qu'il se presse,
Heureuse si je puis trouver par son secours
Cette paix que je cherche et qui me fuit toujours.

Elle s'assied.

SCÈNE IV

ATHALIE, ABNER, *etc.*

ABNER

Madame, pardonnez si j'ose le défendre.

Le zèle de Joad n'a point dû vous surprendre.
Du Dieu que nous servons tel est l'ordre éternel.
Lui-même il nous traça son temple et son autel,
Aux seuls enfants d'Aaron commit ses sacrifices,
Aux lévites marqua leur place et leurs offices,
Et surtout défendit à leur postérité
Avec tout autre Dieu toute société.
Hé quoi? vous de nos rois et la femme et la mère,
Êtes-vous à ce point parmi nous étrangère?
Ignorez-vous nos lois? Et faut-il qu'aujourd'hui...
Voici votre Mathan, je vous laisse avec lui.

ATHALIE

Votre présence, Abner, est ici nécessaire.
Laissons là de Joad l'audace téméraire,
Et tout ce vain amas de superstitions
Qui ferment votre temple aux autres nations.
Un sujet plus pressant excite mes alarmes.
Je sais que dès l'enfance élevé dans les armes,
Abner a le cœur noble, et qu'il rend à la fois
Ce qu'il doit à son Dieu, ce qu'il doit à ses rois.
Demeurez.

SCÈNE V

MATHAN, ATHALIE, ABNER, etc.

MATHAN

Grande Reine, est-ce ici votre place?
Quel trouble vous agite, et quel effroi vous glace?
Parmi vos ennemis que venez-vous chercher?
De ce temple profane osez-vous approcher?

Avez-vous dépouillé cette haine si vive...

ATHALIE

Prêtez-moi l'un et l'autre une oreille attentive.
   Je ne veux point ici rappeler le passé,
Ni vous rendre raison du sang que j'ai versé.
Ce que j'ai fait, Abner, j'ai cru le devoir faire.
Je ne prends point pour juge un peuple téméraire.
Quoi que son insolence ait osé publier,
Le Ciel même a pris soin de me justifier.
Sur d'éclatants succès ma puissance établie
A fait jusqu'aux deux mers respecter Athalie.
Par moi Jérusalem goûte un calme profond.
Le Jourdain ne voit plus l'Arabe vagabond,
Ni l'altier Philistin, par d'éternels ravages,
Comme au temps de vos rois, désoler ses rivages;
Le Syrien me traite et de reine et de sœur.
Enfin de ma maison le perfide oppresseur,
Qui devait jusqu'à moi pousser sa barbarie,
Jéhu, le fier Jéhu, tremble dans Samarie.
De toutes parts pressé par un puissant voisin,
Que j'ai su soulever contre cet assassin,
Il me laisse en ces lieux souveraine maîtresse.
Je jouissais en paix du fruit de ma sagesse;
Mais un trouble importun vient, depuis quelques jours,
De mes prospérités interrompre le cours.
Un songe (me devrais-je inquiéter d'un songe?)
Entretient dans mon cœur un chagrin qui le ronge.
Je l'évite partout, partout il me poursuit.
   C'était pendant l'horreur d'une profonde nuit.
Ma mère Jézabel devant moi s'est montrée,
Comme au jour de sa mort pompeusement parée.
Ses malheurs n'avaient point abattu sa fierté;
Même elle avait encor cet éclat emprunté
Dont elle eut soin de peindre et d'orner son visage,

Pour réparer des ans l'irréparable outrage.
Tremble, m'a-t-elle dit, *fille digne de moi.*
Le cruel Dieu des Juifs l'emporte aussi sur toi.
Je te plains de tomber dans ses mains redoutables,
Ma fille. En achevant ces mots épouvantables,
Son ombre vers mon lit a paru se baisser;
Et moi, je lui tendais les mains pour l'embrasser.
Mais je n'ai plus trouvé qu'un horrible mélange
D'os et de chair meurtris, et traînés dans la fange,
Des lambeaux pleins de sang, et des membres affreux,
Que des chiens dévorants se disputaient entre eux.

ABNER

Grand Dieu!

ATHALIE

                Dans ce désordre à mes yeux se présente
Un jeune enfant couvert d'une robe éclatante,
Tels qu'on voit des Hébreux les prêtres revêtus.
Sa vue a ranimé mes esprits abattus.
Mais lorsque revenant de mon trouble funeste,
J'admirais sa douceur, son air noble et modeste,
J'ai senti tout à coup un homicide acier,
Que le traître en mon sein a plongé tout entier.
De tant d'objets divers le bizarre assemblage
Peut-être du hasard vous paraît un ouvrage.
Moi-même quelque temps honteuse de ma peur,
Je l'ai pris pour l'effet d'une sombre vapeur.
Mais de ce souvenir mon âme possédée
A deux fois en dormant revu la même idée :
Deux fois mes tristes yeux se sont vu retracer
Ce même enfant toujours tout prêt à me percer.
Lasse enfin des horreurs dont j'étais poursuivie,
J'allais prier Baal de veiller sur ma vie,

Et chercher du repos au pied de ses autels.
Que ne peut la frayeur sur l'esprit des mortels?
Dans le temple des Juifs un instinct m'a poussée,
Et d'apaiser leur Dieu j'ai conçu la pensée :
J'ai cru que des présents calmeraient son courroux,
Que ce Dieu, quel qu'il soit, en deviendrait plus doux.
Pontife de Baal, excusez ma faiblesse.
J'entre. Le peuple fuit. Le sacrifice cesse.
Le grand prêtre vers moi s'avance avec fureur.
Pendant qu'il me parlait, ô surprise! ô terreur!
J'ai vu ce même enfant dont je suis menacée,
Tel qu'un songe effrayant l'a peint à ma pensée.
Je l'ai vu : son même air, son même habit de lin,
Sa démarche, ses yeux, et tous ses traits enfin.
C'est lui-même. Il marchait à côté du grand prêtre;
Mais bientôt à ma vue on l'a fait disparaître.
Voilà quel trouble ici m'oblige à m'arrêter,
Et sur quoi j'ai voulu tous deux vous consulter.
   Que présage, Mathan, ce prodige incroyable?

MATHAN

Ce songe et ce rapport, tout me semble effroyable.

ATHALIE

Mais cet enfant fatal, Abner, vous l'avez vu :
Quel est-il? De quel sang? Et de quelle tribu?

ABNER

Deux enfants à l'autel prêtaient leur ministère.
L'un est fils de Joab, Josabet est sa mère.
L'autre m'est inconnu.

MATHAN

           Pourquoi délibérer?

De tous les deux, Madame, il se faut assurer.
Vous savez pour Joad mes égards, mes mesures,
Que je ne cherche point à venger mes injures,
Que la seule équité règne en tous mes avis;
Mais lui-même après tout, fût-ce son propre fils,
Voudrait-il un moment laisser vivre un coupable?

ABNER

De quel crime un enfant peut-il être capable?

MATHAN

Le ciel nous le fait voir un poignard à la main :
Le ciel est juste et sage, et ne fait rien en vain.
Que cherchez-vous de plus?

ABNER

                    Mais, sur la foi d'un songe,
Dans le sang d'un enfant voulez-vous qu'on se plonge?
Vous ne savez encor de quel père il est né,
Quel il est.

MATHAN

            On le craint, tout est examiné.
A d'illustres parents s'il doit son origine,
La splendeur de son sort doit hâter sa ruine.
Dans le vulgaire obscur si le sort l'a placé,
Qu'importe qu'au hasard un sang vil soit versé?
Est-ce aux rois à garder cette lente justice?
Leur sûreté souvent dépend d'un prompt supplice.
N'allons point les gêner d'un soin embarrassant.
Dès qu'on leur est suspect, on n'est plus innocent.

ABNER

Hé quoi, Mathan? D'un prêtre est-ce là le langage?

Moi, nourri dans la guerre aux horreurs du carnage,
Des vengeances des rois ministre rigoureux,
C'est moi qui prête ici ma voix au malheureux;
Et vous, qui lui devez des entrailles de père,
Vous, ministre de paix dans les temps de colère,
Couvrant d'un zèle faux votre ressentiment,
Le sang à votre gré coule trop lentement?
  Vous m'avez commandé de vous parler sans feinte,
Madame : quel est donc ce grand sujet de crainte?
Un songe, un faible enfant que votre œil prévenu
Peut-être sans raison croit avoir reconnu.

ATHALIE

Je le veux croire, Abner; je puis m'être trompée.
Peut-être un songe vain m'a trop préoccupée.
Hé bien! il faut revoir cet enfant de plus près;
Il en faut à loisir examiner les traits.
Qu'on les fasse tous deux paraître en ma présence.

ABNER

Je crains...

ATHALIE

        Manquerait-on pour moi de complaisance?
De ce refus bizarre où seraient les raisons?
Il pourrait me jeter en d'étranges soupçons.
Que Josabet, vous dis-je, ou Joad les amène.
Je puis, quand je voudrai, parler en souveraine.
Vos prêtres, je veux bien, Abner, vous l'avouer,
Des bontés d'Athalie ont lieu de se louer,
Je sais sur ma conduite et contre ma puissance
Jusqu'où de leurs discours ils portent la licence.
Ils vivent cependant, et leur temple est debout.

Mais je sens que bientôt ma douceur est à bout.
Que Joad mette un frein à son zèle sauvage,
Et ne m'irrite point par un second outrage.
Allez.

SCÈNE VI

ATHALIE, MATHAN, *etc*.

MATHAN

    Enfin, je puis parler en liberté :
Je puis dans tout son jour mettre la vérité.
Quelque monstre naissant dans ce temple s'élève,
Reine. N'attendez pas que le nuage crève.
Abner chez le grand prêtre a devancé le jour.
Pour le sang de ses rois vous savez son amour.
Et qui sait si Joad ne veut point en leur place
Substituer l'enfant dont le ciel vous menace,
Soit son fils, soit quelque autre...

ATHALIE

         Oui, vous m'ouvrez les yeux.
Je commence à voir clair dans cet avis des cieux.
Mais je veux de mon doute être débarrassée.
Un enfant est peu propre à trahir sa pensée.
Souvent d'un grand dessein un mot nous fait juger.
Laissez-moi, cher Mathan, le voir, l'interroger.
Vous cependant, allez ; et sans jeter d'alarmes,

A tous mes Tyriens faites prendre les armes.

SCÈNE VII

JOAS, JOSABET, ATHALIE, ZACHARIE,
ABNER, SALOMITH, DEUX LÉVITES,
LE CHŒUR, *etc.*

JOSABET, *aux deux lévites.*

O vous, sur ces enfants si chers, si précieux,
Ministres du Seigneur, ayez toujours les yeux.

ABNER, *à Josabet.*

Princesse, assurez-vous, je les prends sous ma garde.

ATHALIE

O ciel! plus j'examine, et plus je le regarde,
C'est lui. D'horreur encor tous mes sens sont saisis.
Épouse de Joad, est-ce là votre fils?

JOSABET

Qui? Lui, Madame?

ATHALIE

Lui.

JOSABET

Je ne suis point sa mère.

Voilà mon fils.

ATHALIE

Et vous, quel est donc votre père?
Jeune enfant, répondez.

JOSABET

Le ciel jusqu'aujourd'hui...

ATHALIE

Pourquoi vous pressez-vous de répondre pour lui?
C'est à lui de parler.

JOSABET

Dans un âge si tendre
Quel éclaircissement en pouvez-vous attendre?

ATHALIE

Cet âge est innocent. Son ingénuité
N'altère point encor la simple vérité.
Laissez-le s'expliquer sur tout ce qui le touche.

JOSABET, *tout bas.*

Daigne mettre, grand Dieu, ta sagesse en sa bouche.

ATHALIE

Comment vous nommez-vous?

JOAS

J'ai nom Éliacin.

ATHALIE

Votre père?

JOAS

Je suis, dit-on, un orphelin
Entre les bras de Dieu jeté dès ma naissance,
Et qui de mes parents n'eus jamais connaissance.

ATHALIE

Vous êtes sans parents?

JOAS

Ils m'ont abandonné.

ATHALIE

Comment? Et depuis quand?

JOAS

Depuis que je suis né.

ATHALIE

Ne sait-on pas au moins quel pays est le vôtre?

JOAS

Ce temple est mon pays, je n'en connais point d'autre.

ATHALIE

Où dit-on que le sort vous a fait rencontrer?

JOAS

Parmi des loups cruels prêts à me dévorer.

ATHALIE

Qui vous mit dans ce temple?

JOAS

                    Une femme inconnue,
Qui ne dit point son nom, et qu'on n'a point revue.

ATHALIE

Mais de vos premiers ans quelles mains ont pris soin?

JOAS

Dieu laissa-t-il jamais ses enfants au besoin?
Aux petits des oiseaux il donne leur pâture,
Et sa bonté s'étend sur toute la nature.
Tous les jours je l'invoque, et d'un soin paternel
Il me nourrit des dons offerts sur son autel.

ATHALIE

Quel prodige nouveau me trouble et m'embarrasse?
La douceur de sa voix, son enfance, sa grâce,
Font insensiblement à mon inimitié
Succéder... Je serais sensible à la pitié?

ABNER

Madame, voilà donc cet ennemi terrible.

De vos songes menteurs l'imposture est visible,
A moins que la pitié qui semble vous troubler
Ne soit ce coup fatal qui vous faisait trembler.

ATHALIE, *à Joas et à Josabet.*

Vous sortez?

JOSABET

Vous avez entendu sa fortune.
Sa présence à la fin pourrait être importune.

ATHALIE

Non. Revenez. Quel est tous les jours votre emploi?

JOAS

J'adore le Seigneur. On m'explique sa loi.
Dans son livre divin on m'apprend à la lire,
Et déjà de ma main je commence à l'écrire.

ATHALIE

Que vous dit cette loi?

JOAS

Que Dieu veut être aimé,
Qu'il venge tôt ou tard son saint nom blasphémé,
Qu'il est le défenseur de l'orphelin timide,
Qu'il résiste au superbe et punit l'homicide.

ATHALIE

J'entends. Mais tout ce peuple enfermé dans ce lieu,

A quoi s'occupe-t-il?

JOAS

Il loue, il bénit Dieu.

ATHALIE

Dieu veut-il qu'à toute heure on prie, on le contemple?

JOAS

Tout profane exercice est banni de son temple.

ATHALIE

Quels sont donc vos plaisirs?

JOAS

Quelquefois à l'autel
Je présente au grand prêtre ou l'encens ou le sel.
J'entends chanter de Dieu les grandeurs infinies.
Je vois l'ordre pompeux de ses cérémonies.

ATHALIE

Hé quoi! vous n'avez point de passe-temps plus doux?
Je plains le triste sort d'un enfant tel que vous.
Venez dans mon palais, vous y verrez ma gloire.

JOAS

Moi, des bienfaits de Dieu je perdrais la mémoire?

ATHALIE

Non, je ne vous veux pas contraindre à l'oublier.

JOAS

Vous ne le priez point.

ATHALIE

Vous pourrez le prier.

JOAS

Je verrais cependant en invoquer un autre?

ATHALIE

J'ai mon Dieu que je sers; vous servirez le vôtre.
Ce sont deux puissants dieux.

JOAS

                    Il faut craindre le mien :
Lui seul est Dieu, Madame, et le vôtre n'est rien.

ATHALIE

Les plaisirs près de moi vous chercheront en foule.

JOAS

Le bonheur des méchants comme un torrent s'écoule.

ATHALIE

Ces méchants, qui sont-ils?

JOSABET

                    Hé, Madame! excusez
Un enfant...

ATHALIE, *à Josabet*.

J'aime à voir comme vous l'instruisez.
Enfin, Éliacin, vous avez su me plaire;
Vous n'êtes point sans doute un enfant ordinaire.
Vous voyez, je suis reine, et n'ai point d'héritier.
Laissez là cet habit, quittez ce vil métier.
Je veux vous faire part de toutes mes richesses;
Essayez dès ce jour l'effet de mes promesses.
A ma table, partout, à mes côtés assis,
Je prétends vous traiter comme mon propre fils.

JOAS

Comme votre fils?

ATHALIE

Oui. Vous vous taisez?

JOAS

Quel père
Je quitterais! Et pour...

ATHALIE

Hé bien?

JOAS

Pour quelle mère!

ATHALIE, *à Josabet*.

Sa mémoire est fidèle, et dans tout ce qu'il dit
De vous et de Joad je reconnais l'esprit.
Voilà comme infectant cette simple jeunesse,

Vous employez tous deux le calme où je vous laisse.
Vous cultivez déjà leur haine et leur fureur;
Vous ne leur prononcez mon nom qu'avec horreur.

JOSABET

Peut-on de nos malheurs leur dérober l'histoire?
Tout l'univers les sait; vous-même en faites gloire.

ATHALIE

Oui, ma juste fureur, et j'en fais vanité,
A vengé mes parents sur ma postérité.
J'aurais vu massacrer et mon père et mon frère,
Du haut de son palais précipiter ma mère,
Et dans un même jour égorger à la fois,
Quel spectacle d'horreur! quatre-vingts fils de rois.
Et pourquoi? Pour venger je ne sais quels prophètes,
Dont elle avait puni les fureurs indiscrètes.
Et moi, reine sans cœur, fille sans amitié,
Esclave d'une lâche et frivole pitié,
Je n'aurais pas du moins à cette aveugle rage
Rendu meurtre pour meurtre, outrage pour outrage,
Et de votre David traité tous les neveux
Comme on traitait d'Achab les restes malheureux?
Où serais-je aujourd'hui, si domptant ma faiblesse,
Je n'eusse d'une mère étouffé la tendresse,
Si de mon propre sang ma main versant des flots
N'eût par ce coup hardi réprimé vos complots?
Enfin de votre Dieu l'implacable vengeance
Entre nos deux maisons rompit toute alliance.
David m'est en horreur; et les fils de ce roi,
Quoique nés de mon sang, sont étrangers pour moi.

JOSABET

Tout vous a réussi? Que Dieu voie, et nous juge.

ATHALIE

Ce Dieu, depuis longtemps votre unique refuge,
Que deviendra l'effet de ses prédictions?
Qu'il vous donne ce roi promis aux nations,
Cet enfant de David, votre espoir, votre attente...
Mais nous nous reverrons. Adieu; je sors contente :
J'ai voulu voir; j'ai vu.

ABNER, *à Josabet.*

                    Je vous l'avais promis,
Je vous rends le dépôt que vous m'avez commis.

SCÈNE VIII

JOAD, JOSABET, JOAS, ZACHARIE,
ABNER, SALOMITH, LÉVITES, LE CHŒUR

JOSABET, *à Joad.*

Avez-vous entendu cette superbe reine,
Seigneur?

JOAD

          J'entendais tout, et plaignais votre peine.
Ces lévites et moi, prêts à vous secourir,
Nous étions avec vous résolus de périr.

A Joas, en l'embrassant.

Que Dieu veille sur vous, enfant dont le courage
Vient de rendre à son nom ce noble témoignage.
Je reconnais, Abner, ce service important.
Souvenez-vous de l'heure où Joad vous attend.

Et nous dont cette femme impie et meurtrière
A souillé les regards et troublé la prière,
Rentrons, et qu'un sang pur, par mes mains épanché,
Lave jusques au marbre où ses pas ont touché.

SCÈNE IX

LE CHŒUR

UNE DES FILLES DU CHŒUR

Quel astre à nos yeux vient de luire ?
Quel sera quelque jour cet enfant merveilleux ?
    Il brave le faste orgueilleux,
    Et ne se laisse point séduire
    A tous ses attraits périlleux.

UNE AUTRE

    Pendant que du dieu d'Athalie
    Chacun court encenser l'autel,
    Un enfant courageux publie
    Que Dieu lui seul est éternel,
    Et parle comme un autre Élie
    Devant cette autre Jézabel.

UNE AUTRE

Qui nous révélera ta naissance secrète,
Cher enfant ? Es-tu fils de quelque saint prophète ?

UNE AUTRE

Ainsi l'on vit l'aimable Samuel

Croître à l'ombre du tabernacle.
Il devint des Hébreux l'espérance et l'oracle.
Puisses-tu comme lui, consoler Israël!

UNE AUTRE *chante.*

O bienheureux mille fois
L'enfant que le Seigneur aime,
Qui de bonne heure entend sa voix,
Et que ce Dieu daigne instruire lui-même!
Loin du monde élevé, de tous les dons des cieux
Il est orné dès sa naissance;
Et du méchant l'abord contagieux
N'altère point son innocence.

TOUT LE CHŒUR

Heureuse, heureuse enfance
Que le Seigneur instruit et prend sous sa défense!

LA MÊME VOIX, *seule.*

Tel en un secret vallon,
Sur le bord d'une onde pure,
Croît à l'abri de l'aquilon
Un jeune lis, l'amour de la nature.
Loin du monde élevé, *etc.*

TOUT LE CHŒUR

Heureux, heureux mille fois
L'enfant que le Seigneur rend docile à ses lois!

UNE VOIX, *seule.*

Mon Dieu, qu'une vertu naissante
Parmi tant de périls marche à pas incertains!

Qu'une âme qui te cherche et veut être innocente
    Trouve d'obstacle à ses desseins!
    Que d'ennemis lui font la guerre!
    Où se peuvent cacher tes saints?
    Les pécheurs couvrent la terre.

UNE AUTRE

O palais de David, et sa chère cité,
Mont fameux, que Dieu même a longtemps habité,
Comment as-tu du ciel attiré la colère?
Sion, chère Sion, que dis-tu quand tu vois
    Une impie étrangère
    Assise, hélas! au trône de tes rois?

TOUT LE CHŒUR

Sion, chère Sion, que dis-tu quand tu vois
    Une impie étrangère
    Assise, hélas! au trône de tes rois?

LA MÊME VOIX *continue.*

    Au lieu des cantiques charmants
Où David t'exprimait ses saints ravissements,
Et bénissait son Dieu, son Seigneur et son père,
Sion, chère Sion, que dis-tu quand tu vois
    Louer le Dieu de l'impie étrangère,
Et blasphémer le nom qu'ont adoré tes rois?

UNE VOIX, *seule.*

Combien de temps, Seigneur, combien de temps encore
Verrons-nous contre toi les méchants s'élever?
Jusque dans ton saint temple ils viennent te braver.
Ils traitent d'insensé le peuple qui t'adore.

Combien de temps, Seigneur, combien de temps encore
Verrons-nous contre toi les méchants s'élever?

Une Autre

Que vous sert, disent-ils, cette vertu sauvage?
        De tant de plaisirs si doux
        Pourquoi fuyez-vous l'usage?
    Votre Dieu ne fait rien pour vous.

Une Autre

    Rions, chantons, dit cette troupe impie;
    De fleurs en fleurs, de plaisirs en plaisirs,
        Promenons nos désirs.
    Sur l'avenir, insensé qui se fie.
De nos ans passagers le nombre est incertain.
Hâtons-nous aujourd'hui de jouir de la vie;
        Qui sait si nous serons demain?

Tout le Chœur

Qu'ils pleurent, ô mon Dieu, qu'ils frémissent de
crainte,
    Ces malheureux, qui de ta cité sainte
    Ne verront point l'éternelle splendeur.
C'est à nous de chanter, nous à qui tu révèles
        Tes clartés immortelles;
C'est à nous de chanter tes dons et ta grandeur.

Une Voix, *seule*.

De tous ces vains plaisirs où leur âme se plonge,
Que leur restera-t-il? Ce qui reste d'un songe
        Dont on a reconnu l'erreur.
    A leur réveil, ô réveil plein d'horreur!

Pendant que le pauvre à ta table
Goûtera de ta paix la douceur ineffable,
Ils boiront dans la coupe affreuse, inépuisable,
Que tu présenteras au jour de ta fureur
    A toute la race coupable.

TOUT LE CHŒUR

O réveil plein d'horreur!
O songe peu durable!
O dangereuse erreur!

ACTE III

SCÈNE PREMIÈRE

MATHAN, NABAL, LE CHŒUR

MATHAN

Jeunes filles, allez: qu'on dise à Josabet
Que Mathan veut ici lui parler en secret.

UNE DES FILLES DU CHŒUR

Mathan! O Dieu du ciel, puisses-tu le confondre!

NABAL

Hé quoi? tout se disperse et fuit sans vous répondre?

MATHAN

Approchons.

SCÈNE II

ZACHARIE, MATHAN, NABAL

ZACHARIE

      Téméraire, où voulez-vous passer ?
Au-delà de ce lieu gardez-vous d'avancer.
C'est des ministres saints la demeure sacrée ;
Les lois à tout profane en défendent l'entrée.
Qui cherchez-vous ? Mon père, en ce jour solennel,
De l'idolâtre impur fuit l'aspect criminel ;
Et devant le Seigneur maintenant prosternée,
Ma mère en ce devoir craint d'être détournée.
Mon fils, nous attendrons : cessez de vous troubler.
C'est votre illustre mère à qui je veux parler.
Je viens ici chargé d'un ordre de la Reine.

SCÈNE III

MATHAN, NABAL

NABAL

Les enfants ont déjà leur audace hautaine.
Mais que veut Athalie en cette occasion ?
D'où naît dans ses conseils cette confusion ?
Par l'insolent Joad ce matin offensée,
Et d'un enfant fatal en songe menacée,
Elle allait immoler Joad à son courroux,
Et dans ce temple enfin placer Baal et vous.
Vous m'en aviez déjà confié votre joie,

Et j'espérais ma part d'une si riche proie.
Qui fait changer ainsi ses vœux irrésolus?

MATHAN

Ami, depuis deux jours je ne la connais plus.
Ce n'est plus cette reine éclairée, intrépide,
Élevée au-dessus de son sexe timide,
Qui d'abord accablait ses ennemis surpris,
Et d'un instant perdu connaissait tout le prix.
La peur d'un vain remords trouble cette grande âme :
Elle flotte, elle hésite; en un mot, elle est femme.
J'avais tantôt rempli d'amertume et de fiel
Son cœur déjà saisi des menaces du ciel.
Elle-même, à mes soins confiant sa vengeance,
M'avait dit d'assembler sa garde en diligence.
Mais soit que cet enfant devant elle amené,
De ses parents, dit-on, rebut infortuné,
Eût d'un songe effrayant diminué l'alarme,
Soit qu'elle eût même en lui vu je ne sais quel charme,
J'ai trouvé son courroux chancelant, incertain,
Et déjà remettant sa vengeance à demain.
Tous ses projets semblaient l'un l'autre se détruire.
« Du sort de cet enfant je me suis fait instruire,
Ai-je dit. On commence à vanter ses aïeux;
Joad de temps en temps le montre aux factieux,
Le fait attendre aux Juifs comme un autre Moïse,
Et d'oracles menteurs s'appuie et s'autorise. »
Ces mots ont fait monter la rougeur sur son front.
Jamais mensonge heureux n'eut un effet si prompt.
    « Est-ce à moi de languir dans cette incertitude?
Sortons, a-t-elle dit, sortons d'inquiétude.
Vous-même à Josabet prononcez cet arrêt :
Les feux vont s'allumer, et le fer est tout prêt;

Rien ne peut de leur temple empêcher le ravage,
Si je n'ai de leur foi cet enfant pour otage. »

NABAL

Hé bien! pour un enfant qu'ils ne connaissent pas,
Que le hasard peut-être a jeté dans leurs bras,
Voudront-ils que leur temple enseveli sous l'herbe...

MATHAN

Ah! de tous les mortels connais le plus superbe.
Plutôt que dans mes mains par Joad soit livré
Un enfant qu'à son Dieu Joad a consacré,
Tu lui verras subir la mort la plus terrible.
D'ailleurs pour cet enfant leur attache est visible.
Si j'ai bien de la Reine entendu le récit,
Joad sur sa naissance en sait plus qu'il ne dit.
Quel qu'il soit, je prévois qu'il leur sera funeste.
Ils le refuseront. Je prends sur moi le reste;
Et j'espère qu'enfin de ce temple odieux
Et la flamme et le fer vont délivrer mes yeux.

NABAL

Qui peut vous inspirer une haine si forte?
Est-ce que de Baal le zèle vous transporte?
Pour moi, vous le savez, descendu d'Ismaël,
Je ne sers ni Baal, ni le Dieu d'Israël.

MATHAN

Ami, peux-tu penser que d'un zèle frivole
Je me laisse aveugler pour une vaine idole,
Pour un fragile bois, que malgré mon secours
Les vers sur son autel consument tous les jours?
Né ministre du Dieu qu'en ce temple on adore,

Peut-être que Mathan le servirait encore,
Si l'amour des grandeurs, la soif de commander
Avec son joug étroit pouvaient s'accommoder.
     Qu'est-il besoin, Nabal, qu'à tes yeux je rappelle
De Joad et de moi la fameuse querelle,
Quand j'osai contre lui disputer l'encensoir,
Mes brigues, mes combats, mes pleurs, mon désespoir ?
Vaincu par lui, j'entrai dans une autre carrière,
Et mon âme à la cour s'attacha tout entière,
J'approchai par degrés de l'oreille des rois,
Et bientôt en oracle on érigea ma voix.
J'étudiai leur cœur, je flattai leurs caprices,
Je leur semai de fleurs le bord des précipices.
Près de leurs passions rien ne me fut sacré ;
De mesure et de poids je changeais à leur gré.
Autant que de Joad l'inflexible rudesse
De leur superbe oreille offensait la mollesse,
Autant je les charmais par ma dextérité,
Dérobant à leurs yeux la triste vérité,
Prêtant à leurs fureurs des couleurs favorables,
Et prodigue surtout du sang des misérables.
     Enfin au Dieu nouveau, qu'elle avait introduit,
Par les mains d'Athalie un temple fut construit.
Jérusalem pleura de se voir profanée ;
Des enfants de Lévi la troupe consternée
En poussa vers le ciel des hurlements affreux.
Moi seul, donnant l'exemple aux timides Hébreux,
Déserteur de leur loi, j'approuvai l'entreprise,
Et par là de Baal méritai la prêtrise.
Par là je me rendis terrible à mon rival,
Je ceignis la tiare, et marchai son égal.
Toutefois, je l'avoue, en ce comble de gloire,
Du Dieu que j'ai quitté l'importune mémoire
Jette encore en mon âme un reste de terreur ;
Et c'est ce qui redouble et nourrit ma fureur.
Heureux si sur son temple achevant ma vengeance,

Je puis convaincre enfin sa haine d'impuissance,
Et parmi le débris, le ravage et les morts,
A force d'attentats perdre tous mes remords!
Mais voici Josabet.

SCÈNE IV

JOSABET, MATHAN, NABAL

MATHAN

Envoyé par la Reine
Pour rétablir le calme et dissiper la haine,
Princesse, en qui le ciel mit un esprit si doux,
Ne vous étonnez pas si je m'adresse à vous.
Un bruit, que j'ai pourtant soupçonné de mensonge,
Appuyant les avis qu'elle a reçus en songe,
Sur Joad, accusé de dangereux complots,
Allait de sa colère attirer tous les flots.
Je ne veux point ici vous vanter mes services.
De Joad contre moi je sais les injustices;
Mais il faut à l'offense opposer les bienfaits.
Enfin je viens chargé de paroles de paix.
Vivez, solennisez vos fêtes sans ombrage.
De votre obéissance elle ne veut qu'un gage:
C'est, pour l'en détourner j'ai fait ce que j'ai pu,
Cet enfant sans parents, qu'elle dit qu'elle a vu.

JOSABET

Éliacin!

MATHAN

J'en ai pour elle quelque honte.

D'un vain songe peut-être elle fait trop de compte.
Mais vous vous déclarez ses mortels ennemis,
Si cet enfant sur l'heure en mes mains n'est remis.
La Reine impatiente attend votre réponse.

JOSABET

Et voilà de sa part la paix qu'on nous annonce !

MATHAN

Pourriez-vous un moment douter de l'accepter ?
D'un peu de complaisance est-ce trop l'acheter ?

JOSABET

J'admirais si Mathan, dépouillant l'artifice,
Avait pu de son cœur surmonter l'injustice,
Et si de tant de maux le funeste inventeur
De quelque ombre de bien pouvait être l'auteur.

MATHAN

De quoi vous plaignez-vous ? Vient-on avec furie
Arracher de vos bras votre fils Zacharie ?
Quel est cet autre enfant si cher à votre amour ?
Ce grand attachement me surprend à mon tour.
Est-ce un trésor pour vous si précieux, si rare ?
Est-ce un libérateur que le ciel vous prépare ?
Songez-y : vos refus pourraient me confirmer
Un bruit sourd que déjà l'on commence à semer.

JOSABET

Quel bruit ?

MATHAN

Que cet enfant vient d'illustre origine,

Qu'à quelque grand projet votre époux le destine.

JOSABET

Et Mathan par ce bruit qui flatte sa fureur...

MATHAN

Princesse, c'est à vous à me tirer d'erreur.
Je sais que du mensonge implacable ennemie,
Josabet livrerait même sa propre vie,
S'il fallait que sa vie à sa sincérité
Coûtât le moindre mot contre la vérité.
Du sort de cet enfant on n'a donc nulle trace?
Une profonde nuit enveloppe sa race?
Et vous-même ignorez de quels parents issu,
De quelles mains Joad en ses bras l'a reçu?
Parlez, je vous écoute, et suis prêt de vous croire.
Au Dieu que vous servez, Princesse, rendez gloire.

JOSABET

Méchant, c'est bien à vous d'oser ainsi nommer
Un Dieu que votre bouche enseigne à blasphémer.
Sa vérité par vous peut-elle être attestée,
Vous, malheureux, assis dans la chaire empestée
Où le mensonge règne et répand son poison,
Vous, nourri dans la fourbe et dans la trahison?

SCÈNE V

JOAD, JOSABET, MATHAN, NABAL

JAOD

Où suis-je? De Baal ne vois-je pas le prêtre?

Quoi, fille de David, vous parlez à ce traître ?
Vous souffrez qu'il vous parle ? Et vous ne craignez pas
Que du fond de l'abîme entrouvert sous ses pas
Il ne sorte à l'instant des feux qui vous embrasent,
Ou qu'en tombant sur lui ces murs ne vous écrasent ?
Que veut-il ? De quel front cet ennemi de Dieu
Vient-il infecter l'air qu'on respire en ce lieu ?

MATHAN

On reconnaît Joad à cette violence.
Toutefois, il devrait montrer plus de prudence,
Respecter une reine, et ne pas outrager
Celui que de son ordre elle a daigné charger.

JOAD

Hé bien, que nous fait-elle annoncer de sinistre ?
Quel sera l'ordre affreux qu'apporte un tel ministre ?

MATHAN

J'ai fait à Josabet savoir sa volonté.

JOAD

Sors donc de devant moi, monstre d'impiété.
De toutes tes horreurs, va, comble la mesure.
Dieu s'apprête à te joindre à la race parjure,
Abiron et Dathan, Doëg, Achitophel.
Les chiens, à qui son bras a livré Jézabel,
Attendant que sur toi sa fureur se déploie,
Déjà sont à ta porte et demandent leur proie.

MATHAN *(Il se trouble.)*

Avant la fin du jour... on verra qui de nous...
Doit... Mais sortons, Nabal.

NABAL

            Où vous égarez-vous ?
De vos sens étonnés quel désordre s'empare ?
Voilà votre chemin.

SCÈNE VI

JOAD, JOSABET

JOSABET

L'orage se déclare.
Athalie en fureur demande Éliacin.
Déjà de sa naissance et de votre dessein
On commence, Seigneur, à percer le mystère :
Peut s'en faut que Mathan ne m'ait nommé son père.

JOAD

Au perfide Mathan qui l'aurait révélé ?
Votre trouble à Mathan n'a-t-il point trop parlé ?

JOSABET

J'ai fait ce que j'ai pu pour m'en rendre maîtresse.
Cependant, croyez-moi, Seigneur, le péril presse.
Réservons cet enfant pour un temps plus heureux.
Tandis que les méchants délibèrent entre eux,
Avant qu'on l'environne, avant qu'on nous l'arrache,
Une seconde fois souffrez que je le cache.
Les portes, les chemins lui sont encore ouverts.
Faut-il le transporter aux plus affreux déserts ?

Je suis prête. Je sais une secrète issue
Par où, sans qu'on le voie, et sans être aperçue,
De Cédron avec lui traversant le torrent,
J'irai dans le désert, où jadis en pleurant,
Et cherchant comme nous son salut dans la fuite,
David d'un fils rebelle évita la poursuite.
Je craindrai moins pour lui les lions et les ours...
Mais pourquoi de Jéhu refuser le secours?
Je vous ouvre peut-être un avis salutaire.
Faisons de ce trésor Jéhu dépositaire.
On peut dans ses États le conduire aujourd'hui,
Et le chemin est court qui mène jusqu'à lui.
Jéhu n'a point un cœur farouche, inexorable;
De David à ses yeux le nom est favorable.
Hélas; est-il un roi si dur et si cruel,
A moins qu'il n'eût pour mère une autre Jézabel,
Qui d'un tel suppliant ne plaignît l'infortune?
Sa cause à tous les rois n'est-elle pas commune?

JOAD

Quels timides conseils m'osez-vous suggérer?
En l'appui de Jéhu pourriez-vous espérer?

JOSABET

Dieu défend-il tout soin et toute prévoyance?
Ne l'offense-t-on point par trop de confiance?
A ses desseins sacrés employant les humains,
N'a-t-il pas de Jéhu lui-même armé les mains?

JOAD

Jéhu, qu'avait choisi sa sagesse profonde,
Jéhu, sur qui je vois que votre espoir se fonde,
D'un oubli trop ingrat a payé ses bienfaits.

Jéhu laisse d'Achab l'affreuse fille en paix,
Suit des rois d'Israël les profanes exemples,
Du vil Dieu de l'Égypte a conservé les temples.
Jéhu, sur les hauts lieux enfin osant offrir
Un téméraire encens que Dieu ne peut souffrir,
N'a pour servir sa cause et venger ses injures
Ni le cœur assez droit ni les mains assez pures.
Non, non : c'est à Dieu seul qu'il nous faut attacher.
Montrons Éliacin ; et loin de le cacher,
Que du bandeau royal sa tête soit ornée.
Je veux même avancer l'heure déterminée,
Avant que de Mathan le complot soit formé.

SCÈNE VII

JOAD, JOSABET, AZARIAS SUIVI DU CHŒUR
ET DE PLUSIEURS LÉVITES

JOAD

Hé bien, Azarias, le temple est-il fermé ?

AZARIAS

J'en ai fait devant moi fermer toutes les portes.

JOAD

N'y reste-t-il que vous et vos saintes cohortes ?

AZARIAS

De ses parvis sacrés j'ai deux fois fait le tour.
Tout a fui, tous se sont séparés sans retour,

Misérable troupeau qu'a dispersé la crainte ;
Et Dieu n'est plus servi que dans la tribu sainte.
Depuis qu'à Pharaon ce peuple est échappé,
Une égale terreur ne l'avait point frappé.

JOAD

Peuple lâche, en effet, et né pour l'esclavage,
Hardi contre Dieu seul ! Poursuivons notre ouvrage.
Mais qui retient encor ces enfants parmi nous ?

UNE DES FILLES DU CHŒUR

Hé ! pourrions-nous, Seigneur, nous séparer de vous ?
Dans le temple de Dieu sommes-nous étrangères ?
Vous avez près de vous nos pères et nos frères.

UNE AUTRE

Hélas ! si pour venger l'opprobre d'Israël,
Nos mains ne peuvent pas, comme autrefois Jahel[1],
Des ennemis de Dieu percer la tête impie,
Nous lui pouvons du moins immoler notre vie.
Quand vos bras combattront pour son temple attaqué,
Par nos larmes du moins il peut être invoqué.

JOAD

Voilà donc quels vengeurs s'arment pour ta querelle,
Des prêtres, des enfants, ô Sagesse éternelle !
Mais si tu les soutiens, qui peut les ébranler ?
Du tombeau, quand tu veux, tu sais nous rappeler.
Tu frappes et guéris. Tu perds et ressuscites.
Ils ne s'assurent point en leurs propres mérites,

1. *Jug.* c. 4.

Mais en ton nom sur eux invoqué tant de fois,
En tes serments jurés au plus saint de leurs rois,
En ce temple où tu fais ta demeure sacrée,
Et qui doit du soleil égaler la durée.
Mais d'où vient que mon cœur frémit d'un saint effroi ?
Est-ce l'Esprit divin qui s'empare de moi ?
C'est lui-même. Il m'échauffe. Il parle. Mes yeux
                                        [s'ouvrent,
Et les siècles obscurs devant moi se découvrent.
Lévites, de vos sons prêtez-moi les accords,
Et de ses mouvements secondez les transports.

LE CHŒUR *chante au son de toute la symphonie des
instruments.*

Que du Seigneur la voix se fasse entendre,
    Et qu'à nos cœurs son oracle divin
        Soit ce qu'à l'herbe tendre
    Est, au printemps, la fraîcheur du matin.

JOAD

Cieux, écoutez ma voix. Terre, prête l'oreille.
Ne dis plus, ô Jacob, que ton Seigneur sommeille.
Pécheurs, disparaissez : le Seigneur se réveille.

> *Ici recommence la symphonie, et Joad aussitôt
> reprend la parole.*

Comment en un plomb vil[1] l'or pur s'est-il changé ?
Quel est dans le lieu saint ce pontife égorgé[2] ?
Pleure, Jérusalem, pleure, cité perfide,
Des prophètes divins malheureuse homicide.
De son amour pour toi ton Dieu s'est dépouillé.
Ton encens à ses yeux est un encens souillé.

1. Joas.
2. Zacharie.

Où menez-vous ces enfants et ces femmes[1]?
Le Seigneur a détruit la reine des cités.
Ses prêtres sont captifs, ses rois sont rejetés.
Dieu ne veut plus qu'on vienne à ses solennités.
Temple, renverse-toi; cèdres, jetez des flammes,
     Jérusalem, objet de ma douleur,
Quelle main en un jour t'a ravi tous tes charmes?
Qui changera mes yeux en deux sources de larmes
     Pour pleurer ton malheur?

AZARIAS

O saint temple!

JOSABET

O David!

LE CHŒUR

          Dieu de Sion, rappelle,
Rappelle en sa faveur tes antiques bontés.

*La symphonie recommence encore, et Joad,
un moment après, l'interrompt.*

JOAD

Quelle Jérusalem nouvelle[2]
Sort du fond du désert brillante de clartés,
Et porte sur le front une marque immortelle?
     Peuples de la terre, chantez.
Jérusalem renaît plus charmante et plus belle.
     D'où lui viennent de tous côtés

1. Captivité de Babylone.
2. L'Église.

Ces enfants qu'en son sein elle n'a point portés[1] ?
Lève, Jérusalem, lève ta tête altière.
Regarde tous ces rois de ta glorie étonnés.
Les rois des nations, devant toi prosternés,
    De tes pieds baisent la poussière ;
Les peuples à l'envi marchent à ta lumière.
Heureux qui pour Sion d'une sainte ferveur
    Sentira son âme embrasée !
    Cieux, répandez votre rosée,
  Et que la terre enfante son Sauveur.

JOSABET

Hélas ! d'où nous viendra cette insigne faveur,
Si les rois de qui doit descendre ce Sauveur...

JAOD

Préparez, Josabet, le riche diadème
Que sur son front sacré David porta lui-même.

Aux lévites.

Et vous, pour vous armer, suivez-moi dans ces lieux
Où se garde caché, loin des profanes yeux,
Ce formidable amas de lances et d'épées
Qui du sang philistin jadis furent trempées,
Et que David vainqueur, d'ans et d'honneurs chargé,
Fit consacrer au Dieu qui l'avait protégé.
Peut-on les employer pour un plus noble usage ?
Venez, je veux moi-même en faire le partage.

SCÈNE VIII

SALOMITH, LE CHŒUR

SALOMITH

Que de craintes, mes sœurs, que de troubles mortels !

1. Les gentils.

Dieu tout-puissant, sont-ce là les prémices,
    Les parfums et les sacrifices
Qu'on devait en ce jour offrir sur tes autels?

UNE FILLE DU CHŒUR

Quel spetacle à nos yeux timides!
    Qui l'eût cru, qu'on dût voir jamais
Les glaives meurtriers, les lances homicides
    Briller dans la maison de paix?

UNE AUTRE

D'où vient que pour son Dieu pleine d'indifférence,
Jérusalem se tait en ce pressant danger?
    D'où vient, mes sœurs, que pour nous protéger
Le brave Abner au moins ne rompt pas le silence?

SALOMITH

Hélas! dans une cour où l'on n'a d'autres lois
    Que la force et la violence,
    Où les honneurs et les emplois
Sont le prix d'une aveugle et basse obéissance,
    Ma sœur, pour la triste innocence
    Qui voudrait élever sa voix?

UNE AUTRE

Dans ce péril, dans ce désordre extrême,
Pour qui prépare-t-on le sacré diadème?

SALOMITH

Le Seigneur a daigné parler.
Mais ce qu'à son prophète il vient de révéler,

Qui pourra nous le faire entendre?
S'arme-t-il pour nous défendre?
S'arme-t-il pour nous accabler?

TOUT LE CHŒUR *chante.*

O promesse! ô menace! ô ténébreux mystère!
Que de maux, que de biens sont prédits tour à tour!
Comment peut-on avec tant de colère
Accorder tant d'amour?

UNE VOIX, *seule.*

Sion ne sera plus. Une flamme cruelle
Détruira tous ses ornements.

UNE AUTRE VOIX

Dieu protège Sion. Elle a pour fondements
Sa parole éternelle.

LA PREMIÈRE

Je vois tout son éclat disparaître à mes yeux.

LA SECONDE

Je vois de toutes parts sa clarté répandue.

LA PREMIÈRE

Dans un gouffre profond Sion est descendue.

LA SECONDE

Sion a son front dans les cieux.

LA PREMIÈRE

Quel triste abaissement!

LA SECONDE

Quelle immortelle gloire!

LA PREMIÈRE

Que de cris de douleur!

LA SECONDE

Que de chants de victoire;

UNE TROISIÈME

Cessons de nous troubler. Notre Dieu quelque jour
Dévoilera ce grand mystère.

TOUTES TROIS

Révérons sa colère;
Espérons en son amour.

UNE AUTRE

D'un cœur qui t'aime,
Mon Dieu, qui peut troubler la paix?
Il cherche en tout ta volonté suprême,
Et ne se cherche jamais.
Sur la terre, dans le ciel même,
Est-il d'autre bonheur que la tranquille paix.
D'un cœur qui t'aime?

ACTE IV

SCÈNE PREMIÈRE

JOAS, JOSABET, ZACHARIE, SALOMITH,
UN LÉVITE, LE CHŒUR

SALOMITH

D'un pas majestueux, à côté de ma mère,
Le jeune Éliacin s'avance avec mon frère.
Dans ces voiles, mes sœurs, que portent-ils tous deux ?
Quel est ce glaive enfin qui marche devant eux ?

JOSABET, à Zacharie.

Mon fils, avec respect posez sur cette table
De notre sainte loi le livre redoutable.
Et vous aussi, posez, aimable Éliacin,
Cet auguste bandeau près du livre divin.
Lévite, il faut placer, Joad ainsi l'ordonne,
Le glaive de David auprès de sa couronne.

JOAS

Princesse, quel est donc ce spectacle nouveau ?
Pourquoi ce livre saint, ce glaive, ce bandeau ?
Depuis que le Seigneur m'a reçu dans son temple,
D'un semblable appareil je n'ai point vu d'exemple.

JOSABET

Tous vos doutes, mon fils, bientôt s'éclairciront.

JOAS

Vous voulez essayer ce bandeau sur mon front?
Ah! Princesse, gardez d'en profaner la gloire.
Du roi qui l'a porté respectez la mémoire.
Un malheureux enfant aux ours abandonné...

JOSABET, *lui essayant le diadème.*

Laissez, mon fils : je fais ce qui m'est ordonné.

JOAS

Mais j'entends les sanglots sortir de votre bouche!
Princesse, vous pleurez! Quelle pitié vous touche?
Est-ce qu'en holocauste aujourd'hui présenté,
Je dois, comme autrefois la fille de Jephté,
Du Seigneur par ma mort apaiser la colère?
Hélas! un fils n'a rien qui ne soit à son père.

JOSABET

Voici qui vous dira les volontés des cieux.
Ne craignez rien. Et nous, sortons tous de ces lieux.

SCÈNE II

JOAS, JOAD

JOAS, *courant dans les bras du grand prêtre.*

Mon père!

JOAD

Hé bien, mon fils?

JOAS

Qu'est-ce donc qu'on prépare?

JOAD

Il est juste, mon fils, que je vous le déclare.
Il faut que vous soyez instruit, même avant tous,
Des grands desseins de Dieu sur son peuple et sur vous.
Armez-vous d'un courage et d'une foi nouvelle.
Il est temps de montrer cette ardeur et ce zèle
Qu'au fond de votre cœur mes soins ont cultivés,
Et de payer à Dieu ce que vous lui devez.
Sentez-vous cette noble et généreuse envie?

JOAS

Je me sens prêt, s'il veut, de lui donner ma vie.

JOAD

On vous a lu souvent l'histoire de nos rois.
Vous souvient-il, mon fils, quelles étroites lois
Doit s'imposer un roi digne du diadème?

JOAS

Un roi sage, ainsi Dieu l'a prononcé lui-même[1],
Sur la richesse et l'or ne met point son appui,
Craint le Seigneur son Dieu, sans cesse a devant lui
Ses préceptes, ses lois, ses jugements sévères,
Et d'injustes fardeaux n'accable point ses frères.

1. *Deut.* c.

JOAD

Mais sur l'un de ces rois s'il fallait vous régler,
A qui choisiriez-vous, mon fils, de ressembler?

JOAS

David, pour le Seigneur plein d'un amour fidèle,
Me paraît des grands rois le plus parfait modèle.

JOAD

Ainsi dans leurs excès vous n'imiteriez pas
L'infidèle Joram, l'impie Ochosias?

JOAS

O mon père!

JOAD

Achevez, dites, que vous en semble?

JOAS

Puisse périr comme eux quiconque leur ressemble!
Mon père, en quel état vous vois-je devant moi?

JOAD, *se prosternant à ses pieds*.

Je vous rends le respect que je dois à mon roi.
De votre aïeul David, Joas, rendez-vous digne.

JOAS

Joas? Moi?

JOAD

Vous saurez par quelle grâce insigne,
D'une mère en fureur Dieu trompant le dessein,
Quand déjà son poignard était dans votre sein,
Vous choisit, vous sauva du milieu du carnage.
Vous n'êtes pas encore échappé de sa rage.
Avec la même ardeur qu'elle voulut jadis
Perdre en vous le dernier des enfants de son fils,
A vous faire périr sa cruauté s'attache,
Et vous poursuit encor sous le nom qui vous cache.
Mais sous vos étendards j'ai déjà su ranger
Un peuple obéissant et prompt à vous venger.
    Entrez, généreux chefs des familles sacrées,
Du ministère saint tour à tour honorées.

SCÈNE III

JOAS, JOAD, AZARIAS, ISMAËL,
ET LES TROIS AUTRES CHEFS DES LÉVITES

JOAD *continue.*

Roi, voilà vos vengeurs contre vos ennemis.
Prêtres, voilà le roi que je vous ai promis.

AZARIAS

Quoi ? c'est Éliacin ?

ISMAËL

Quoi ? cet enfant aimable...

JOAD

Est des rois de Juda l'héritier véritable,
Dernier-né des enfants du triste Ochosias,
Nourri, vous le savez, sous le nom de Joas.
De cette fleur si tendre et sitôt moissonnée
Tout Juda, comme vous, plaignant la destinée,
Avec ses frères morts le crut enveloppé.
Du perfide couteau comme eux il fut frappé.
Mais Dieu du coup mortel sut détourner l'atteinte,
Conserva dans son cœur la chaleur presque éteinte,
Permit que des bourreaux trompant l'œil vigilant,
Josabet dans son sein l'emportât tout sanglant,
Et n'ayant de son vol que moi seul pour complice,
Dans le temple cachât l'enfant et la nourrice.

JOAS

Hélas! de tant d'amour et de tant de bienfaits,
Mon père, quel moyen de m'acquitter jamais?

JOAD

Gardez pour d'autres temps cette reconnaissance.
    Voilà donc votre roi, votre unique espérance.
J'ai pris soin jusqu'ici de vous le conserver :
Ministres du Seigneur, c'est à vous d'achever.
Bientôt de Jézabel, la fille meurtrière,
Instruite que Joas voit encor la lumière,
Dans l'horreur du tombeau viendra le replonger.
Déjà, sans le connaître, elle veut l'égorger.
Prêtres saints, c'est à vous de prévenir sa rage.
Il faut finir des Juifs le honteux esclavage,
Venger vos princes morts, relever votre loi,
Et faire aux deux tribus reconnaître leur roi.

L'entreprise, sans doute, est grande et périlleuse.
J'attaque sur son trône une reine orgueilleuse,
Qui voit sous ses drapeaux marcher un camp nombreux
De hardis étrangers, d'infidèles Hébreux.
Mais ma force est au Dieu dont l'intérêt me guide.
Songez qu'en cet enfant tout Israël réside.
Déjà ce Dieu vengeur commence à la troubler,
Déjà trompant ses soins, j'ai su vous rassembler.
Elle nous croit ici sans armes, sans défense.
Couronnons, proclamons Joas en diligence.
De là, du nouveau prince intrépides soldats,
Marchons en invoquant l'arbitre des combats;
Et réveillant la foi dans les cœurs endormie,
Jusque dans son palais cherchons notre ennemie.
　Et quels cœurs si plongés dans un lâche sommeil,
Nous voyant avancer dans ce saint appareil,
Ne s'empresseront pas à suivre notre exemple?
Un roi que Dieu lui-même a nourri dans son temple,
Le successeur d'Aaron de ses prêtres suivi,
Conduisant au combat les enfants de Lévi,
Et dans ces mêmes mains des peuples révérées,
Les armes au Seigneur par David consacrées?
Dieu sur ses ennemis répandra sa terreur.
Dans l'infidèle sang baignez-vous sans horreur.
Frappez et Tyriens, et même Israélites.
Ne descendez-vous pas de ces fameux lévites
Qui lorsqu'au Dieu du Nil le volage Israël
Rendit dans le désert un culte criminel,
De leurs plus chers parents saintement homicides,
Consacrèrent leurs mains dans le sang des perfides,
Et par ce noble exploit vous acquirent l'honneur
D'être seuls employés aux autels du Seigneur?
　Mais je vois que déjà vous brûlez de me suivre.
Jurez donc, avant tout, sur cet auguste livre,
A ce roi que le ciel vous redonne aujourd'hui,

De vivre, de combattre, et de mourir pour lui.

AZARIAS

Oui, nous jurons ici pour nous, pour tous nos frères,
De rétablir Joas au trône de ses pères,
De ne poser le fer entre nos mains remis,
Qu'après l'avoir vengé de tous ses ennemis.
Si quelque transgresseur enfreint cette promesse,
Qu'il éprouve, grand Dieu, ta fureur vengeresse :
Qu'avec lui ses enfants, de ton partage exclus,
Soient au rang de ces morts que tu ne connais plus.

JOAD

Et vous, à cette loi, votre règle éternelle,
Roi, ne jurez-vous pas d'être toujours fidèle ?

JOAS

Pourrais-je à cette loi ne me pas conformer ?

JOAD

O mon fils, de ce nom j'ose encor vous nommer,
Souffrez cette tendresse, et pardonnez aux larmes
Que m'arrachent pour vous de trop justes alarmes.
Loin du trône nourri, de ce fatal honneur,
Hélas ! vous ignorez le charme empoisonneur,
De l'absolu pouvoir vous ignorez l'ivresse,
Et des lâches flatteurs la voix enchanteresse.
Bientôt ils vous diront que les plus saintes lois,
Maîtresses du vil peuple, obéissent aux rois ;
Qu'un roi n'a d'autre frein que sa volonté même ;
Qu'il doit immoler tout à sa grandeur suprême ;
Qu'aux larmes, au travail, le peuple est condamné,

Et d'un sceptre de fer veut être gouverné;
Que s'il n'est opprimé tôt ou tard il opprime.
Ainsi de piège en piège, et d'abîme en abîme,
Corrompant de vos mœurs l'aimable pureté,
Ils vous feront enfin haïr la vérité,
Vous peindront la vertu sous une affreuse image.
Hélas! ils ont des rois égaré le plus sage.
     Promettez sur ce livre, et devant ces témoins,
Que Dieu fera toujours le premier de vos soins;
Que sévère aux méchants, et des bons le refuge,
Entre le pauvre et vous, vous prendrez Dieu pour juge,
Vous souvenant, mon fils, que caché sous ce lin,
Comme eux vous fûtes pauvre, et comme eux orphelin.

JOAS

Je promets d'observer ce que la loi m'ordonne.
Mon Dieu, punissez-moi si je vous abandonne.

JOAD

Venez : de l'huile sainte il faut vous consacrer.
Paraissez, Josabet : vous pouvez vous montrer.

SCÈNE IV

JOAS, JOAD, JOSABET, ZACHARIE, AZARIAS, *etc.*,
SALOMITH, LE CHŒUR

JOSABET, *embrassant Joas.*

O Roi, fils de David !

JOAS

O mon unique mère !

Venez, cher Zacharie, embrasser votre frère.

JOSABET, *à Zacharie.*

Aux pieds de votre roi prosternez-vous, mon fils.

JOAD, *pendant qu'ils s'embrassent.*

Enfants, ainsi toujours puissiez-vous être unis!

JOSABET, *à Joas.*

Vous savez donc quel sang vous a donné la vie?

JOAS

Et je sais quelle main sans vous me l'eût ravie.

JOSABET

De votre nom, Joas, je puis donc vous nommer.

JOAS

Joas ne cessera jamais de vous aimer.

LE CHŒUR

Quoi? c'est là...

JOSABET

C'est Joas.

JOAD

Écoutons ce lévite.

SCÈNE V

JOAS, JOAD, JOSABET, *etc.*, UN LÉVITE

UN LÉVITE

J'ignore contre Dieu quel projet on médite.
Mais l'airain menaçant frémit de toutes parts;
On voit luire des feux parmi des étendards;
Et sans doute Athalie assemble son armée.
Déjà même au secours toute voie est fermée;
Déjà le sacré mont, où le temple est bâti,
D'insolents Tyriens est partout investi.
L'un d'eux, en blasphémant, vient de nous faire entendre
Qu'Abner est dans les fers, et ne peut nous défendre.

JOSABET, *à Joas.*

Cher enfant, que le ciel en vain m'avait rendu,
Hélas! pour vous sauver j'ai fait ce que j'ai pu.
Dieu ne se souvient plus de David votre père.

JOAD, *à Josabet.*

Quoi? vous ne craignez pas d'attirer sa colère
Sur vous et sur ce roi si cher à votre amour?
Et quand Dieu, de vos bras l'arrachant sans retour,
Voudrait que de David la maison fût éteinte,
N'êtes-vous pas ici sur la montagne sainte
Où le père des Juifs[1] sur son fils innocent
Leva sans murmurer un bras obéissant,

1. Abraham.

Et mit sur un bûcher ce fruit de sa vieillesse,
Laissant à Dieu le soin d'accomplir sa promesse,
Et lui sacrifiant, avec ce fils aimé,
Tout l'espoir de sa race, en lui seul renfermé?
    Amis, partageons-nous. Qu'Ismaël en sa garde
Prenne tout le côté que l'orient regarde;
Vous, le côté de l'ourse; et vous, de l'occident;
Vous, le midi. Qu'aucun, par un zèle imprudent,
Découvrant mes desseins, soit prêtre, soit lévite,
Ne sorte avant le temps et ne se précipite;
Et que chacun enfin, d'un même esprit poussé,
Garde en mourant le poste où je l'aurai placé.
L'ennemi nous regarde, en son aveugle rage,
Comme de vils troupeaux réservés au carnage,
Et croit ne rencontrer que désordre et qu'effroi.
Qu'Azarias partout accompagne le Roi.

A Joas.

Venez, cher rejeton d'une vaillante race,
Remplir vos défenseurs d'une nouvelle audace;
Venez du diadème à leurs yeux vous couvrir,
Et périssez du moins en roi, s'il faut périr.

A un Lévite.

Suivez-le, Josabet. Vous, donnez-moi ces armes.
Enfants, offrez à Dieu vos innocentes larmes.

SCÈNE VI

SALOMITH, LE CHŒUR

TOUT LE CHŒUR *chante.*

Partez, enfants d'Aaron, partez.
Jamais, plus illustre querelle

De vos aïeux n'arma le zèle.
Partez, enfants d'Aaron, partez.
C'est votre roi, c'est Dieu pour qui vous combattez.

UNE VOIX, *seule.*

Où sont les traits que tu lances,
Grand Dieu, dans ton juste courroux?
N'es-tu plus le Dieu jaloux?
N'es-tu plus le Dieu des vengeances?

UNE AUTRE

Où sont, Dieu de Jacob, tes antiques bontés?
Dans l'horreur qui nous environne,
N'entends-tu que la voix de nos iniquités?
N'es-tu plus le Dieu qui pardonne?

TOUT LE CHŒUR

Où sont, Dieu de Jacob, tes antiques bontés?

UNE VOIX, *seule.*

C'est à toi que dans cette guerre
Les flèches des méchants prétendent s'adresser.
« Faisons, disent-ils, cesser
Les fêtes de Dieu sur la terre.
De son joug importun délivrons les mortels.
Massacrons tous ses saints. Renversons ses autels.
Que de son nom, que de sa gloire
Il ne reste plus de mémoire;
Que ni lui ni son Christ ne règnent plus sur nous. »

TOUT LE CHŒUR

Où sont les traits que tu lances,

Grand Dieu, dans ton juste courroux?
   N'es-tu plus lè Dieu jaloux?
N'es-tu plus le Dieu des vengeances?

UNE VOIX, *seule.*

Triste reste de nos rois,
Chère et dernière fleur d'une tige si belle,
Hélas! sous le couteau d'une mère cruelle
Te verrons-nous tomber une seconde fois?
Prince aimable, dis-nous si quelque ange au berceau
Contre tes assassins prit soin de te défendre;
      Ou si dans la nuit du tombeau
La voix du Dieu vivant a ranimé ta cendre.

UNE AUTRE

D'un père et d'un aïeul contre toi révoltés,
Grand Dieu, les attentats lui sont-ils imputés?
Est-ce que sans retour ta pitié l'abandonne?

LE CHŒUR

Où sont, Dieu de Jacob, tes antiques bontés?
   N'es-tu plus le Dieu qui pardonne?

UNE DES FILLES DU CHŒUR, *sans chanter.*

Chères sœurs, n'entendez-vous pas
Des cruels Tyriens la trompette qui sonne?

SALOMITH

J'entends même les cris des barbares soldats,
   Et d'horreur j'en frissonne.
   Courons, fuyons; retirons-nous

A l'ombre salutaire
Du redoutable sanctuaire.

ACTE V

SCÈNE PREMIÈRE

ZACHARIE, SALOMITH, LE CHŒUR

SALOMITH

Cher Zacharie, hé bien? Que nous apprenez-vous?

ZACHARIE

Redoublez au Seigneur votre ardente prière.
Peut-être nous touchons à notre heure dernière.
Pour l'horrible combat, ma sœur, l'ordre est donné.

SALOMITH

Que fait Joas?

ZACHARIE

Joas vient d'être couronné.
Le grand prêtre a sur lui répandu l'huile sainte.
O ciel! dans tous les yeux quelle joie était peinte
A l'aspect de ce roi racheté du tombeau!
Ma sœur, on voit encor la marque du couteau.
On voit paraître aussi sa fidèle nourrice,

Qui cachée en un coin de ce vaste édifice,
Gardait ce cher dépôt, et n'avait de ses soins
Que les yeux de ma mère et que Dieu pour témoins.
Nos lévites pleuraient de joie et de tendresse,
Et mêlaient leurs sanglots à leurs cris d'allégresse.
Lui, parmi ces transports, affable et sans orgueil,
A l'un tendait la main, flattait l'autre de l'œil,
Jurait de se régler par leurs avis sincères,
Et les appelait tous ses pères ou ses frères.

SALOMITH

Ce secret au-dehors est-il aussi semé?

ZACHARIE

Ce secret dans le temple est encor renfermé.
Des enfants de Lévi la troupe partagée
Dans un profond silence aux portes s'est rangée.
Tous doivent à la fois précipiter leurs pas,
Et crier pour signal : « Vive le roi Joas! »
Mais mon père défend que le Roi se hasarde,
Et veut qu'Azarias demeure pour sa garde.
Cependant Athalie, un poignard à la main,
Rit des faibles remparts de nos portes d'airain.
Pour les rompre, elle attend les fatales machines,
Et ne respire enfin que sang et que ruines.
Quelques prêtres, ma sœur, ont d'abord proposé
Qu'en un lieu souterrain, par nos pères creusé,
On renfermât du moins notre arche précieuse.
« O crainte, a dit mon père, indigne, injurieuse!
L'arche, qui fit tomber tant de superbes tours,
Et força le Jourdain de rebrousser son cours,
Des Dieux des nations tant de fois triomphante,
Fuirait donc à l'aspect d'une femme insolente? »
Ma mère, auprès du Roi, dans un trouble mortel,

L'œil tantôt sur ce prince et tantôt vers l'autel,
Muette, et succombant sous le poids des alarmes,
Aux yeux les plus cruels arracherait des larmes.
Le Roi de temps en temps la presse entre ses bras,
La flatte... Chères sœurs, suivez toutes mes pas;
Et s'il faut aujourd'hui que notre roi périsse,
Allons, qu'un même sort avec lui nous unisse.

SALOMITH

Quelle insolente main frappe à coups redoublés?
Qui fait courir ainsi ces lévites troublés?
Quelle précaution leur fait cacher leurs armes?
Le temple est-il forcé?

ZACHARIE

                    Dissipez vos alarmes
Dieu nous envoie Abner.

SCÈNE II

ABNER, JOAD, JOSABET, ZACHARIE, SALOMITH,
ISMAËL, DEUX LÉVITES, *etc.*

JOAD

                    En croirai-je mes yeux,
Cher Abner? Quel chemin a pu jusqu'en ces lieux
Vous conduire au travers d'un camp qui nous assiège?
On disait que d'Achab la fille sacrilège
Avait, pour assurer ses projets inhumains,
Chargé d'indignes fers vos généreuses mains.

ABNER

Oui, Seigneur, elle a craint mon zèle et mon courage.

Mais c'est le moindre prix que me gardait sa rage.
Dans l'horreur d'un cachot par son ordre enfermé,
J'attendais que, le temple en cendres consumé,
De tant de flots de sang non encore assouvie,
Elle vînt m'affranchir d'une importune vie,
Et retrancher des jours qu'aurait dû mille fois
Terminer la douleur de survivre à mes rois.

JOAD

Par quel miracle a-t-on obtenu votre grâce?

ABNER

Dieu dans ce cœur cruel sait seul ce qui se passe.
Elle m'a fait venir, et d'un air égaré :
« Tu vois de mes soldats tout ce temple entouré,
Dit-elle. Un feu vengeur va le réduire en cendre,
Et ton Dieu contre moi ne le saurait défendre.
Ses prêtres toutefois, mais il faut se hâter,
A deux conditions peuvent se racheter :
Qu'avec Éliacin on mette en ma puissance
Un trésor dont je sais qu'ils ont la connaissance,
Par votre roi David autrefois amassé,
Sous le sceau du secret au grand prêtre laissé.
Va, dis-leur qu'à ce prix je leur permets de vivre. »

JOAD

Quel conseil, cher Abner, croyez-vous qu'on doit suivre?

ABNER

Et tout l'or de David, s'il est vrai qu'en effet
Vous gardiez de David quelque trésor secret,

Et tout ce que des mains de cette reine avare
Vous avez pu sauver et de riche et de rare,
Donnez-le. Voulez-vous que d'impurs assassins
Viennent briser l'autel, brûler les chérubins,
Et portant sur notre arche une main téméraire,
De votre propre sang souiller le sanctuaire?

JOAD

Mais siérait-il, Abner, à des cœurs genéreux
De livrer au supplice un enfant malheureux,
Un enfant que Dieu même à ma garde confie,
Et de nous racheter aux dépens de sa vie?

ABNER

Hélas! Dieu voit mon cœur. Plût à ce Dieu puissant
Qu'Athalie oubliât un enfant innocent,
Et que du sang d'Abner sa cruauté contente
Crût calmer par ma mort le ciel qui la tourmente!
Mais que peuvent pour lui vos inutiles soins?
Quand vous périrez tous, en périra-t-il moins?
Dieu vous ordonne-t-il de tenter l'impossible?
Pour obéir aux lois d'un tyran inflexible,
Moïse, par sa mère, au Nil abandonné,
Se vit, presque en naissant, à périr condamné;
Mais Dieu le conservant contre toute espérance,
Fit par le tyran même élever son enfance.
Qui sait ce qu'il réserve à votre Éliacin,
Et si lui préparant un semblable destin,
Il n'a point de pitié déjà rendu capable
De nos malheureux rois l'homicide implacable?
Du moins, et Josabet, comme moi, l'a pu voir,
Tantôt à son aspect je l'ai vu s'émouvoir;
J'ai vu de son courroux tomber la violence.
Princesse, en ce péril vous garder le silence?

Hé quoi? pour un enfant qui vous est étranger
Souffrez-vous que sans fruit Joad laisse égorger
Vous, son fils, tout ce peuple, et que le feu dévore
Le seul lieu sur la terre où Dieu veut qu'on l'adore?
Que feriez-vous de plus, si des rois vos aïeux
Ce jeune enfant était un reste précieux?

JOSABET, *tout bas à Joad.*

Pour le sang de ses rois vous voyez sa tendresse :
Que ne lui parlez-vous?

JOAD

Il n'est pas temps, Princesse.

ABNER

Le temps est cher, Seigneur, plus que vous ne pensez.
Tandis qu'à me répondre ici vous balancez,
Mathan près d'Athalie étincelant de rage,
Demande le signal et presse le carnage.
Faut-il que je me jette à vos sacrés genoux?
Au nom du lieu si saint qui n'est ouvert qu'à vous,
Lieu terrible où de Dieu la majesté repose,
Quelque dure que soit la loi qu'on vous impose,
De ce coup imprévu songeons à nous parer.
Donnez-moi seulement le temps de respirer.
Demain, dès cette nuit, je prendrai des mesures
Pour assurer le temple et venger ses injures.
Mais je vois que mes pleurs et que mes vains discours
Pour vous persuader sont un faible secours :
Votre austère vertu n'en peut être frappée.
Hé bien! trouvez-moi donc quelque arme, quelque épée,
Et qu'aux portes du temple, où l'ennemi m'attend,

Abner puisse du moins mourir en combattant.

JOAD

Je me rends. Vous m'ouvrez un avis que j'embrasse.
De tant de maux, Abner, détournons la menace.
Il est vrai, de David un trésor est resté.
La garde en fut commise à ma fidélité.
C'était des tristes Juifs l'espérance dernière,
Que mes soins vigilants cachaient à la lumière.
Mais puisqu'à votre reine il faut le découvrir,
Je vais la contenter, nos portes vont s'ouvrir.
De ses plus braves chefs qu'elle entre accompagnée ;
Mais de nos saints autels qu'elle tienne éloignée
D'un ramas d'étrangers l'indiscrète fureur.
Du pillage du temple épargnez-moi l'horreur.
Des prêtres, des enfants lui feraient-ils quelque ombre ?
De sa suite avec vous qu'elle règle le nombre.
Et quant à cet enfant si craint, si redouté,
De votre cœur, Abner, je connais l'équité.
Je vous veux devant elle expliquer sa naissance :
Vous verrez s'il le faut remettre en sa puissance,
Et je vous ferai juge entre Athalie et lui.

ABNER

Ah ! je le prends déjà, Seigneur, sous mon appui.
Ne craignez rien. Je cours vers celle qui m'envoie.

SCÈNE III

JOAD, JOSABET, ISMAËL, ZACHARIE, *etc.*

JOAD

Grand Dieu, voici ton heure, on t'amène ta proie.
Ismaël, écoutez.

Il lui parle à l'oreille.

JOSABET

Puissant maître des cieux,
Remets-lui le bandeau dont tu couvris ses yeux,
Lorsque lui dérobant tout le fruit de son crime,
Tu cachas dans mon sein cette tendre victime.

JOAD

Allez, sage Ismaël, ne perdez point de temps :
Suivez de point en point ces ordres importants.
Surtout qu'à son entrée et que sur son passage
Tout d'un calme profond lui présente l'image.
Vous, enfants, préparez un trône pour Joas.
Qu'il s'avance suivi de nos sacrés soldats.
Faites venir aussi sa fidèle nourrice,
Princesse, et de vos pleurs que la source tarisse.

A un lévite.

Vous, dès que cette reine, ivre d'un fol orgueil,
De la porte du temple aura passé le seuil,
Qu'elle ne pourra plus retourner en arrière,
Prenez soin qu'à l'instant la trompette guerrière
Dans le camp ennemi jette un subit effroi.
Appelez tout le peuple au secours de son roi ;
Et faites retentir jusques à son oreille
De Joas conservé l'étonnante merveille.
Il vient.

SCÈNE IV

JOAS, JOAD, JOSABET,
TROUPE DE PRÊTRES ET DE LÉVITES, *etc.*

JOAD *continue.*

Lévites saints, prêtres de notre Dieu,
Partout, sans vous montrer, environnez ce lieu ;

Et laissant à mes soins gouverner votre zèle,
Pour paraître attendez que ma voix vous appelle.

Ils se cachent tous.

Roi, je crois qu'à vos vœux cet espoir est permis,
Venez voir à vos pieds tomber vos ennemis.
Celle dont la fureur poursuivit votre enfance
Vers ces lieux à grands pas pour vous perdre s'avance.
Mais ne la craignez point. Songez qu'autour de vous
L'ange exterminateur est debout avec nous.
Montez sur votre trône, et... Mais la porte s'ouvre :
Permettez un moment que ce voile vous couvre.

Il tire un rideau.

Vous changez de couleur, Princesse ?

JOSABET

Ah ! sans pâlir,
Puis-je voir d'assassins le temple se remplir ?
Quoi ? ne voyez-vous pas quelle nombreuse escorte...

JOAD

Je vois que du saint temple on referme la porte.
Tout est en sûreté.

SCÈNE V

ATHALIE, JOAS, *caché derrière le rideau,*
JOAD, JOSABET, ABNER, SUITE D'ATHALIE

ATHALIE, *à Joad.*

Te voilà, séducteur,
De ligues, de complots pernicieux auteur,

Qui dans le trouble seul as mis tes espérances,
Éternel ennemi des suprêmes puissances.
En l'appui de ton Dieu tu t'étais reposé.
De ton espoir frivole es-tu désabusé?
Il laisse en mon pouvoir et son temple et ta vie.
Je devrais sur l'autel, où ta main sacrifie,
Te... Mais du prix qu'on m'offre il faut me contenter.
Ce que tu m'as promis, songe à l'exécuter.
Cet enfant, ce trésor, qu'il faut qu'on me remette,
Où sont-ils?

JOAD

      Sur-le-champ tu seras satisfaite :
Je te les vais montrer l'un et l'autre à la fois.

Le rideau se tire.

   Paraissez, cher enfant, digne sang de nos rois.
Connais-tu l'héritier du plus saint des monarques,
Reine? De ton poignard connais du moins ces marques.
Voilà ton roi, ton fils, le fils d'Ochosias.
Peuples, et vous, Abner, reconnaissez Joas.

ABNER

Ciel!

ATHALIE, *à Joad.*

  Perfide!

JOAD

      Vois-tu cette Juive fidèle,
Dont tu sais bien qu'alors il suçait la mamelle?
Il fut par Josabet à ta rage enlevé.

Ce temple le reçut, et Dieu l'a conservé.
Des trésors de David voilà ce qui me reste.

ATHALIE

Ta fourbe à cet enfant, traître, sera funeste.
D'un fantôme odieux, soldats, délivrez-moi.

JOAD

Soldats du Dieu vivant, défendez votre roi.

> *Ici le fond du théâtre s'ouvre. On voit le dedans du temple, et les lévites armés sortent de tous côtés sur la scène.*

ATHALIE

Où suis-je? O trahison! ô reine infortunée!
D'armes et d'ennemis je suis environnée.

JOAD

Tes yeux cherchent en vain, tu ne peux échapper,
Et Dieu de toutes parts a su t'envelopper.
Ce Dieu que tu bravais, en nos mains t'a livrée.
Rends-lui compte du sang dont tu t'es enivrée.

ATHALIE

Quoi? la peur a glacé mes indignes soldats?
Lâche Abner, dans quel piège as-tu conduit mes pas!

ABNER

Reine, Dieu m'est témoin...

ATHALIE

          Laisse là ton Dieu, traître,

Et venge-moi.

ABNER, *se jetant aux pieds de Joas.*

Sur qui? Sur Joas! sur mon maître!

ATHALIE

Lui Joas? lui ton roi? Songez, méchants, songez
Que mes armes encor vous tiennent assiégés.
J'entends à haute voix tout mon camp qui m'appelle.
On vient à mon secours. Tremblez, troupe rebelle.

SCÈNE VI

ISMAËL, JOAS, JOAD, ATHALIE, *etc.*

ISMAËL, *à Joad.*

Seigneur, le temple est libre et n'a plus d'ennemis.
L'étranger est en fuite, et le Juif est soumis.
Comme le vent dans l'air dissipe la fumée,
La voix du Tout-Puissant a chassé cette armée.
Nos lévites, du haut de nos sacrés parvis,
D'Ochosias au peuple ont annoncé le fils,
Ont conté son enfance au glaive dérobée,
Et la fille d'Achab dans le piège tombée.
Partout en même temps la trompette a sonné;
Et ses sons et leurs cris dans son camp étonné
Ont répandu le trouble et la terreur subite
Dont Gédéon frappa le fier Madianite.
Les Tyriens, jetant armes et boucliers,
Ont par divers chemins disparu les premiers.
Quelques Juifs éperdus ont aussi pris la fuite;

Mais de Dieu sur Joas admirant la conduite,
Le reste à haute voix s'est pour lui déclaré.
Enfin d'un même esprit tout le peuple inspiré,
Femmes, vieillards, enfants, s'embrassant avec joie,
Bénissent le Seigneur et celui qu'il envoie.
Tous chantent de David le fils ressuscité.
Baal est en horreur dans la sainte cité.
De son temple profane on a brisé les portes.
Mathan est égorgé.

ATHALIE

           Dieu des Juifs, tu l'emportes!
Oui, c'est Joas, je cherche en vain à me tromper.
Je reconnais l'endroit où je le fis frapper;
Je vois d'Ochosias et le port et le geste :
Tout me retrace enfin un sang que je déteste.
David, David triomphe; Achab seul est détruit.
Impitoyable Dieu, toi seul as tout conduit.
C'est toi qui me flattant d'une vengeance aisée,
M'as vingt fois en un jour à moi-même opposée,
Tantôt pour un enfant excitant mes remords,
Tantôt m'éblouissant de tes riches trésors,
Que j'ai craint de livrer aux flammes, au pillage.
Qu'il règne donc ce fils, ton soin et ton ouvrage;
Et que pour signaler son empire nouveau,
On lui fasse en mon sein enfoncer le couteau.
Voici ce qu'en mourant lui souhaite sa mère.
Que dis-je, souhaiter? je me flatte, j'espère
Qu'indocile à ton joug, fatigué de ta loi,
Fidèle au sang d'Achab, qu'il a reçu de moi,
Conforme à son aïeul, à son père semblable,
On verra de David l'héritier détestable
Abolir tes honneurs, profaner ton autel,

Et venger Athalie, Achab et Jézabel.

JOAD

Qu'à l'instant hors du temple elle soit emmenée,
Et que la sainteté n'en soit point profanée.
Allez sacrés vengeurs de vos princes meurtris,
De leur sang par sa mort faire cesser les cris.
Si quelque audacieux embrasse sa querelle,
Qu'à la fureur du glaive on le livre avec elle.

SCÈNE VII

JOAS, JOAD, JOSABET, ABNER, *etc.*

JOAS

Dieu, qui voyez mon trouble et mon affliction,
Détournez loin de moi sa malédiction,
Et ne souffrez jamais qu'elle soit accomplie.
Faites que Joas meure avant qu'il vous oublie.

JOAD, *aux lévites.*

Appelez tout le peuple, et montrons-lui son roi :
Qu'il lui vienne en ses mains renouveler sa foi.
Roi, prêtres, peuple, allons, pleins de reconnaissance,
De Jacob avec Dieu confirmer l'alliance,
Et saintement confus de nos égarements,
Nous rengager à lui par de nouveaux serments.

Abner, auprès du Roi, reprenez votre place.
Hé bien? de cette impie a-t-on puni l'audace?

SCÈNE DERNIÈRE

UN LÉVITE, JOAS, JOAD, *etc.*

UN LÉVITE

Le fer a de sa vie expié les horreurs.
Jérusalem, longtemps en proie à ses fureurs,
De son joug odieux à la fin soulagée,
Avec joie en son sang la regarde plongée.

JOAD

Par cette fin terrible, et due à ses forfaits,
Apprenez, roi des Juifs, et n'oubliez jamais
Que les rois dans le ciel ont un juge sévère,
L'innocence un vengeur, et l'orphelin un père.

TABLE DES MATIÈRES

DISTRIBUTION

ALLEMAGNE

SWAN BUCH-VERTRIEB GMBH
Goldscheuerstrasse 16
D-77694 Kehl/Rhein

BELGIQUE

UITGEVERIJ EN BOEKHANDEL
VAN GENNEP BV
Spuistraat 283
1012 VR Amsterdam
Pays-Bas

CANADA

EDILIVRE INC.
DIFFUSION SOUSSAN
5518 Ferrier
Mont-Royal, QC H4P 1M2

ESPAGNE

RIBERA LIBRERIA
Dr Areilza 19
48011 Bilbao

ÉTATS-UNIS

POWELL'S BOOKSTORE
1501 East 57th Street
Chicago, Illinois 60637

TEXAS BOOKMAN
8650 Denton Drive
75235 Dallas, Texas

FRANCE

BOOKKING INTERNATIONAL
16 rue des Grands Augustins
75006 Paris

GRANDE-BRETAGNE

SANDPIPER BOOKS LTD
22 a Langroyd Road
London SW17 7PL

ITALIE

MAGIS BOOKS s.r.l.
Vicolo Trivelli 6
42100 Reggio Emilia

LIBAN

LA PHENICIE
BP 50291
Furn EL Chebback
Beyrouth

SORED
BP 166210
Rue Mar Maroun
Beyrouth

MAROC

LIBRAIRIE DES ÉCOLES
12 av. Hassan II
Casablanca

PAYS-BAS

UITGEVERIJ EN BOEKHANDEL
VAN GENNEP BV
Spuistraat 283
1012 VR Amsterdam

RÉPUBLIQUE ARABE UNIE

DAR EL NASHR
HATIER
10 rue Abi Emama
BP 1969 Dokki
Le Caire

SUÈDE

LONGUS BOOK IMPORTS
Box 30161
S - 10425 Stockholm

SUISSE

MEDEA DIFFUSION
Z.I. 3 Corminboeuf
Case Postale 559
1701 Fribourg

TAIWAN

POINT FRANCE LIVRE
Diffusion de l'édition française
Han Yang Bd 7 F
374 Pa Teh Rd.
Section 2 - Taipei

IMPRIMÉ EN FRANCE PAR BRODARD ET TAUPIN
1482 I-5 Usine de La Flèche (Sarthe), le 03-01-1994
B/076-93 – Dépôt légal, Janvier 1994
ISBN : 287714-164-0